As mais belas
orações
escritas por grandes mulheres

Dados Internacionais de Catalogação na Publicação (CIP)
(Câmara Brasileira do Livro, SP, Brasil)

As mais belas orações escritas por grandes mulheres / organização e tradução de Diác. Fernando José Bondan. – Petrópolis, RJ : Vozes, 2022.

ISBN 978-65-5713-448-1

1. Mulheres – Vida religiosa 2. Oração – Cristianismo I. Bondan, Fernando José.

21-92032 CDD-248.843

Índices para catálogo sistemático:

1. Mulheres : Oração : Vida cristã : Cristianismo
248.843

Cibele Maria Dias – Bibliotecária – CRB-8/9427

As mais belas
orações
escritas por grandes mulheres

Organização e tradução de
Diác. Fernando José Bondan

EDITORA VOZES

Petrópolis

© 2022, Editora Vozes Ltda.
Rua Frei Luís, 100
25689-900 Petrópolis, RJ
www.vozes.com.br
Brasil

Todos os direitos reservados. Nenhuma parte desta obra poderá ser reproduzida ou transmitida por qualquer forma e/ou quaisquer meios (eletrônico ou mecânico, incluindo fotocópia e gravação) ou arquivada em qualquer sistema ou banco de dados sem permissão escrita da editora.

CONSELHO EDITORIAL

Diretor
Gilberto Gonçalves Garcia

Editores
Aline dos Santos Carneiro
Edrian Josué Pasini
Marilac Loraine Oleniki
Welder Lancieri Marchini

Conselheiros
Francisco Morás
Ludovico Garmus
Teobaldo Heidemann
Volney J. Berkenbrock

Secretário executivo
Leonardo A.R.T. dos Santos

Diagramação: Daniela Alessandra Eid
Revisão gráfica: Alessandra Karl
Capa: Rafael Nicolaevsky

ISBN 978-65-5713-448-1

Este livro foi composto e impresso pela Editora Vozes Ltda.

Sumário

Colóquio inicial, 15

I. TEMAS BÍBLICOS, 19
  1. Bendito é o fruto do teu ventre!, 19
  2. Magnificat, 19
  3. Eu sou tua obra, 20
     a) Explicação do Salmo 63,8-9, 20
     b) Explicação do Salmo 63,8-9 (II), 21

II. RETRATO DA COMUNIDADE CRISTÃ DE BELÉM, 22
  1. Primeiro retrato, 22
  2. Segundo retrato, 22

III. ORAÇÕES A MARIA, 23
  1. Oração à Virgem Maria pedindo para ver a Vera-Cruz, 23
  2. Oferta de si mesma, 25
  3. Saúdo-vos, ó Virgem!, 25
  4. Ó minha queridíssima Senhora, 26
  5. Louvores a vós, ó Rainha do céu, 27
  6. Ó Virgem, vós adorastes o Mistério da Encarnação!, 28
  7. Agradecimento a Jesus, através do Sagrado Coração de Maria, 29
  8. Que eu seja escrito no número dos predestinados, 30
  9. Consagração da obra a Maria, 31

10. Sobre a concepção da Virgem, 32
11. Orações natalinas à Virgem, 33
    a) Ó Senhora dos anjos, lembra-te de teu povo aflito!, 33
    b) Oração a Maria no Natal (I), 34
    c) Oração a Maria no Natal (II), 35
12. Momentos de intimidade com a Mãe, 36
    a) Oferecimento em união com a Virgem Maria, 36
    b) Oração íntima à Mãe do Céu, 36
13. Súplicas à Virgem piedosa, 37
    a) Mãe da divina piedade!, 37
    b) Para pedir uma graça por Maria, 38

IV. ORAÇÕES AOS SANTOS ANJOS, 39
1. Oração a São Gabriel, 39
2. Saudação devota para receber o anjo que o Senhor envia no Batismo, 40
3. Orações ao anjo da guarda, 41
    a) Súplica ao santo anjo da guarda pedindo por Jesus, 41
    b) Dizei a meu Bem-amado!, 42
    c) Anjo de Deus e amado irmão, 43
4. Estrofes ao santo anjo da guarda, 43

V. ORAÇÕES E HINOS AO ESPÍRITO SANTO, 44
1. Sequência ao Espírito Santo, 44
2. Vem Espírito Santíssimo, 45
3. Súplicas ao Espírito, 46
    a) Vinde, Espírito Santo, enchei todos os corações!, 46
    b) Ó Espírito Santo!, 47
4. Consagração da manhã ao Espírito Santo, 48

VI. ORAÇÕES PELA SANTA IGREJA, 49
1. Oração da Igreja por si mesma, 49
2. Oração pelo papa e pela Igreja, 50

3. Oração pelos sacerdotes, confessores e diretores espirituais, 51

4. Abandono ao amor de Deus e pela Igreja, 52

VII. LOUVOR E SÚPLICAS PELAS VIRTUDES, 53

1. Ó bem-aventurada pobreza, 53

2. Eis-me aqui mendiga, 53

3. Oração de uma pobre mendiga, 54

4. Na cruz pus meu leito, 55

5. Fazei-me ser obediente, 56

6. Orações para obter a humildade, 56

   a) Primeira prece, 56

   b) Segunda prece, 57

VIII. O AMOR É DIVINO, 58

1. "O que é o Amor", 58

2. "Luta com o mundo em razão do amor", 59

3. Tu mesmo és o Amor!, 60

4. Amor de meu coração!, 61

5. O oceano de tua caridade!, 62

6. Por que não tenho cem corações para amar-vos?, 62

7. Ó amor tranquilo e dulcíssimo!, 63

8. Amor, não me mandeis de volta!, 64

9. Ó divino amor, o que poderei de ti dizer?, 65

10. O que é esse amor que tudo vence?, 65

11. Ó beatífico alimento!, 66

12. Incêndio de amor!, 67

13. Quando te amarão como mereces?, 68

14. Quero-vos amar, 69

15. Sim, minha vida é vossa, 70

16. Oh, como vós sois cioso!, 70

17. Ah, divino Amor!, 71

18. Vosso amor me feriu, 72

19. Ó doce fogo!, 73

IX. A IMPORTÂNCIA E A ESSÊNCIA DA ORAÇÃO, 74

1. Cristo recebe cada uma de nossas orações, 74
2. Até que tenhamos Jesus, 75
3. Exercitai-vos na santa oração!, 75
4. Duplicai a oração, 76
5. Meditação sobre a primeira frase do Pai-nosso (I), 77
6. Meditação sobre a primeira frase do Pai-nosso (II), 77
7. A oração é um dom de Deus, 78
8. Sua Cruz é nosso soberano bem, 79

X. CONTEMPLAÇÃO DIVINA, 80

1. Contempla, 80
2. Felizes os convidados, 81
3. Ó santa cidade de Sião, quando entrarei por tuas portas?, 81
4. Quando vos verei, bondade infinita?, 82
5. Ó meu dulcíssimo Deus, 83
6. Estou em mim como se não estivesse, 84
7. Tudo está em silêncio e a alma em liberdade, 85
8. Que eu seja toda consumida!, 85
9. Deus é uma luz sem figura, 86
10. Os 4 degraus da união da alma com Deus (I), 86
11. Os 4 degraus da união da alma com Deus (II), 87
12. A contemplação desta pessoa única: Deus-Homem, 87
13. Um amor terno e respeitoso pela santa humanidade do Cristo, 88
14. O claro espelho onde a divindade se mostra, 89
15. Escutar Deus no silêncio, 89
16. Escutar Deus no silêncio (II), 90

17. Que altura de caridade há em Deus!, 91

18. Meu Deus ignoto, 92

19. A exorbitante inacessibilidade divina!, 93

20. Ó meu Deus altíssimo, 94

21. Esta divina luz, 95

22. Que esta luz vos ilumine e sempre vos acompanhe, 95

XI. LOUVORES E PEDIDOS A DEUS PAI E SEU DIVINO FILHO, 96

1. Oferta total de si mesma, 96

2. Bendito sejais Vós, ó meu Deus!, 97

3. Ó Verdade eterna! (I), 98

4. Ó Verdade eterna! (II), 98

5. Ó Sabedoria eterna, 99

6. Pedidos ao Pai Eterno, 99

7. Gostaria, meu Deus, de amar-vos com todo o meu coração, 100

8. Busco a Jesus e não o encontro!, 100

XII. ORAÇÕES À SANTÍSSIMA TRINDADE, 101

1. A alma louva a Trindade Santíssima, 101

2. Cristo amor, Cristo amor!, 102

3. Ó Divino Espírito!, 102

4. Ó Divino Pai!, 102

5. Ó adorável Trindade!, 103

6. Vós trazeis a imagem da Trindade Santa, 104

7. Trindade que adoro! (I), 104

8. Trindade que adoro! (II), 105

XIII. ORAÇÕES AO SAGRADO CORAÇÃO DE JESUS, 106

1. Oração da manhã ao Coração de Jesus, 106

2. Intercessões ao Pai eterno através do Sagrado Coração de Jesus, 107

3. Intercessões invocando o Sagrado Coração de Jesus, 108

4. Consagração comunitária ao Sagrado Coração de Jesus (I), 108

5. Consagração comunitária ao Sagrado Coração de Jesus (II), 109

6. Oferecimento de si mesmo ao Sagrado Coração de Jesus, 109

7. Vinde, pecadores, ao Coração de Jesus!, 110

XIV. O SUBLIME MISTÉRIO DA ENCARNAÇÃO, 111

1. Se fez homem para fazer-me Deus!, 111

2. Ó feliz culpa!, 111

XV. DEVOÇÃO AO MENINO JESUS, 112

1. Oração na infância ao Menino Jesus, 112

2. Exaltação ao Menino Jesus, 113

3. Ó Jesus, amável e divino Menino!, 113

4. Ó Pequeno Menino!, 113

XVI. LOUVORES E AFETOS À SAGRADA PAIXÃO DO SENHOR, 114

1. Jaculatórias à Paixão, 114

2. Oração à Paixão do Senhor (atribuída), 115

3. Ó Paixão gloriosíssima, 116

4. Oração diante do crucifixo, 117

5. Quero morrer crucificada convosco!, 118

6. "Consummatum est", 118

7. Eu vos saúdo, ó santa Cruz!, 119

8. Eu vos adoro, pequenas e grandes cruzes, 119

9. Oração na infância sobre a Paixão, 120

10. Oferecimento da Vítima Divina ao Pai Eterno após a consagração, 121

11. Pensamentos edificantes sobre a morte de N.S.J.C., 121

12. Sou amante da Cruz!, 122

XVII. PREPARAÇÃO À COMUNHÃO, 123

1. Bem-aventurada a alma que se alimenta do Corpo de Cristo, 123
2. Ah! Meu bem-amado!, 124
3. Perdão dos pecados, 124
4. Ó gloriosa Virgem Maria, 125
5. Ó Santíssima Trindade, 125
6. Desejo ser o centro de tuas chamas!, 125
7. Melhor é receber-te do que te olhar!, 125

XVIII. ORAÇÕES APÓS A COMUNHÃO, 126

1. Jaculatória após a comunhão, 126
2. Oração após a comunhão, 126
3. Ações de graças (I), 127
4. Ações de graças (II), 128
5. Mergulhai-me no abismo de vossa divindade! (I), 128
6. Mergulhai-me no abismo de vossa divindade! (II), 129
7. Romance sobre o Santíssimo Sacramento no dia da comunhão, 129

XIX. ADORAÇÃO EUCARÍSTICA E COMUNHÃO ESPIRITUAL, 131

1. Oração diante do Santíssimo Sacramento, 131
2. Preparai meu coração para receber meu Deus espiritualmente, 132
3. Meu divino Jesus, 132
4. Alimentemo-nos do Pão dos Anjos, 133
5. Que mistério, que privilégio!, 134
6. Hora Santa (parcial), 135
7. Amo-te e adoro-te!, 135

XX. PREPARAÇÃO PARA A CONFISSÃO, 136
1. Venho suplicar-vos que me purifique, 136
2. Ó Divino Espírito!, 137

XXI. ATOS DE CONTRIÇÃO, 138
1. Eu sou esta centésima ovelha!, 138
2. Tende piedade de mim!, 138
3. Digna-te, Senhor, perdoar as minhas numerosas ofensas, 139
4. Pobre de mim!, 140
5. Ouso pedir-vos a eterna salvação, 140
6. Oração aos 3 anos de idade, 141
7. Acolhei-me, eu vos imploro em nome de vossa doce Mãe!, 141

XXII. EXORCISMOS, 142
1. Em nome do Senhor, retira-te!, 142
2. Exorcismo na tentação contra a fé, 142

XXIII. ORAÇÃO DA MANHÃ, 143
Oferecimento do dia a Deus, 143

XXIV. ORAÇÕES PARA CUMPRIR FIELMENTE OS DEVERES DE ESTADO, 144
Entrega a Deus diante do crucifixo aos 10 anos, 144

XXV. AÇÕES DE GRAÇAS, 144
1. Agradecimento por graça alcançada, 144
2. Bendizei o Senhor todas as coisas criadas!, 145
3. Canção à Vida, 146

XXVI. ORAÇÕES NAS DOENÇAS E PELOS DOENTES, 147
1. Oração ao tomar um medicamento, 147
2. Intercessão à Virgem Mãe por uma enferma, 147
3. Oração pelos famintos e enfermos, 148

XXVII. ORAÇÕES DAS ALMAS VÍTIMAS, 148

1. Sofrendo com Jesus, 148
2. Eu abandono e entrego todo o meu ser, 148
3. Intercessão pelos pecadores, 149
4. Abandono à vontade de Deus, 149
5. Diante das humilhações e calúnias, 150
6. Consagração expiatória, 150
7. Oferecimento, 151
8. Oração fervorosa para que Deus aceite seu sacrifício, 151
9. União a Cristo sofredor no leito de dor, 151
10. Alcançai-me, Virgem santa, a força, 151
11. Ó meu bem-amado!, 152

XXVIII. ORAÇÃO PELAS ALMAS DO PURGATÓRIO, 153

1. Oração por um pai espiritual, 153
2. Súplicas pelas almas do Purgatório, 154

XXIX. ORAÇÃO PELOS INIMIGOS, 154

Oração pelos inimigos, 154

XXX. ORAÇÃO A SÃO FRANCISCO DE ASSIS, 155

Oração a São Francisco de Assis, 155

XXXI. ORAÇÃO INTER-RELIGIOSA E ECUMÊNICA, 156

Oh, Deus, Pai de todos!, 156

XXXII. NA PERDA DE FAMILIARES, 157

1. Na perda de um filho recém-batizado, 157
2. Na perda do esposo, 157
3. Oração na morte de um irmão amado, 157
4. Oração na perda do filho em batalha, 158
5. Oração no falecimento do marido, 158

6. Oração na perda violenta de familiares, 159

7. Oração no falecimento de uma filha, 159

XXXIII. TEMPO DE PARTIR, 160

1. Peço-vos que receba agora a minha alma, 160
2. Oração pelos filhos na hora da morte, 160
3. És Tu, Senhor!, 161
4. Que eu seja encontrada ante tua face!, 162
5. Recebei-me o quanto antes nos céus!, 162
6. Ó meu doce Mestre!, 163
7. Última carta à Mãe celestial, 163

XXXIV. CONSELHOS E REGRAS, 164

1. Últimos conselhos, 164
2. Sentença, 166
3. Instruções de vivência cristã, 166
4. Últimos conselhos aos seus filhos, 166

Breve biografia das mulheres citadas neste devocionário, 169

Países, 177

Colóquio inicial

Percorrer a história do cristianismo, buscando nela mulheres que através de suas orações e textos orantes se destacaram na sua intimidade com Deus, foi uma verdadeira aventura para mim. Desde o início, quando fui convidado a este trabalho pela Editora Vozes, soube que teria muito trabalho pela frente.

Desde já peço desculpas se alguma Ordem, Congregação, Instituto ou Sociedade de Vida Apostólica se sentir prejudicado ou excluído desta seleção. Na verdade, o foco foi as mulheres do cristianismo em geral, e não apenas mulheres ligadas com algum instituto religioso de qualquer tipo. Por isso foram contempladas também leigas, e independente de seu estágio de canonização ou não. Embora também tenha buscado a maior representatividade possível de países e épocas, as limitações materiais se impuseram e acabaram por também definir que mulheres teriam aqui o seu espaço.

Todos sabemos que o papel da mulher teve pouco destaque, e muitas vezes registros ao longo da história, mesmo da história do cristianismo. Quando vemos, por exemplo, a quantidade de nomes masculinos citados entre os Santos Padres e autores medievais em comparação com as mulheres, a diferença numérica é assombrosa; mas sua relevância nem um pouco. Apesar disso, o cristianismo se avantaja no destaque da mulher em relação a outras culturas orientais e asiáticas.

Dos cerca de 34 santos declarados "Doutores da Igreja", somente 4 são mulheres: Catarina de Sena, Teresa de Jesus, Teresa do Menino Jesus e a recente Hildegarda de Bingen. Com exceção de Hildegarda, que foi declarada "Doutora" pelo Papa Bento XVI, todos conhecemos bem o impacto na Igreja Católica provocado por estas santas. Suas marcas na história, na teologia e na espiritualidade são inequívocas, profundas e permanentes.

Os trabalhos que investigam o papel das mulheres cristãs ainda são recentes e tímidos, a meu ver. Praticamente começaram no século XIX, e tiveram um avanço significativo no século XX e XXI, mas resta muito a ser feito. De alguma forma, modesta certamente, acredito que este pequeno devocionário deixará uma contribuição nesta investigação das grandezas das mulheres cristãs ao longo da nossa história. Meus recursos foram limitados, e alguns obstáculos existiram, como a questão dos direitos autorais na literatura, mas minha vontade de penetrar a alma feminina na sua relação com a divindade foi e permanece grande.

Ora, quem não sabe que na mística, para Deus, toda alma é feminina e que só existe um noivo ou Esposo que é Ele mesmo? Basta nos lembrarmos da Parábola das virgens prudentes e imprudentes (Mt 25,1-13). Por isso, o tema nupcial é fortemente presente na mística e espiritualidade cristã. Muitos Santos Padres e autores medievais viram, por exemplo, na esposa do Cântico dos Cânticos uma imagem de cada alma cristã na sua relação com o Deus único, transcendente a todo criado, mas ao mesmo tempo mais íntimo do que aquilo que há de mais íntimo em cada um de nós. Esta mística nupcial é percebida em diversos textos escolhidos para este devocionário.

Por fim, nunca podemos nos esquecer de que o maior acontecimento da história do mundo se realizou no íntimo de uma mulher: "Mas quando veio a plenitude dos tempos, Deus enviou seu Filho, que nasceu de uma mulher" (Gl 4,4). Foi no ventre de Maria que "o Verbo se fez carne e habitou entre nós, e vimos sua glória, a glória que o Filho único recebe do seu Pai, cheio de graça e de verdade" (Jo 1,14). E é a Maria Santíssima, sob o título de Mãe da Igreja, que dedico este pequeno devocionário.

Não posso negar que, após a elaboração deste devocionário, ficou um toque feminino na minha relação com Deus.

Bom proveito a todas e a todos!

Diác. Fernando José Bondan
16/07/2021 – Festa de Nossa Senhora do Carmo

I. Temas bíblicos

1. Bendito é o fruto do teu ventre!

Bendita és tu entre as mulheres e bendito é o fruto do
teu ventre!
Donde me vem a honra que a mãe do meu Senhor venha
a mim?
Pois quando soou em meus ouvidos a voz de tua
saudação,
a criança saltou de alegria em meu ventre.
Feliz é aquela que teve fé no cumprimento do que lhe foi
dito da parte do Senhor.

(Santa Isabel, mãe de João Batista Lc 1,42-45)

2. Magnificat

Minha alma engrandece o Senhor
e rejubila meu espírito em Deus, meu Salvador,
porque olhou para a humildade de sua serva.
Eis que de agora em diante me chamarão feliz todas as
gerações,

porque o Poderoso fez por mim grandes coisas:
o seu nome é santo.
Sua misericórdia passa de geração em geração

para os que o temem.
Mostrou o poder de seu braço
e dispersou os que se orgulham de seus planos.
Derrubou os poderosos de seus tronos
e exaltou os humildes.

Encheu de bens os famintos
e os ricos despediu de mãos vazias.
Acolheu Israel, seu servo,
lembrando-se de sua misericórdia,

conforme o que prometera a nossos pais,
em favor de Abraão e de sua descendência, para sempre.

(Santíssima Virgem Maria Lc 1,46-55)

3. Eu sou tua obra

a) Explicação do Salmo 63,8-9

Defendido por tua proteção, ó Deus,
gozarei quando for libertado do peso dos pecados.
E já que a minha alma desejou chegar a ti
através das boas obras,
por isso teu poder e tua força me levantaram
enquanto eu emitia fortes suspiros
e clamava por ti
para que me salvasses de meus inimigos.

Realmente, eu sou tua obra,
porque antes do princípio dos tempos ordenaste
que fosse feito como foi feito,
e que toda criatura viesse diante de mim.
E quando me criaste, me deste a tarefa

de agir conforme os teus preceitos,
tal como Tu me fizeste, e por isso te pertenço.
Vestiste uma carne sem mancha,
como convém a ti que és o Criador,
estendeste assim as franjas de tua veste.
Com louvores colocaste em movimento o céu,
e puseste nele os adornos mais variados
reunindo-os nos círculos angélicos,
que não se podem olhar porque se protegem
como que se cingindo com um cinturão de laudes.

b) Explicação do Salmo 63,8-9 (II)

Fizeste o homem e o cingiste
com o cinturão de louvor
daquele que rejeitou a glória celeste
e por isso a perdeu para sempre.
Assim o abonaste com a veste que lhe deste,
de modo que ele não possa perder-se
de forma alguma enquanto te louva.

Os anjos se assombram que Tu tenhas
tomado tua veste de Adão, que foi mortal;
porém Tu o fizeste com a finalidade
de que o mesmo Adão,
do qual soubeste que tinha desobedecido,
pudesse reviver para que a claridade divina
– que não se pode circunscrever por mais que se tente –,
resplandecesse frente aos anjos celestes.

(Santa Hildegarda de Bingen)

II. Retratos da comunidade cristã de Belém

1. Primeiro retrato

Os idiomas diferem, mas a piedade é única. Há quase tantos coros de salmodiantes como variedades de nações, e em meio a tudo isto, aquela que sem dúvida é a primeira virtude dos cristãos, nenhuma arrogância, nenhum envaidecimento em razão da continência: a única porfia entre todos é a humildade. O último de todos é tido como o primeiro.

Na veste, nenhuma extravagância, nenhuma ostentação. Cada um vai aonde lhe apraz, sem que por isso seja censurado ou louvado. Também os jejuns não ensoberbecem a ninguém: nem se louva a abstinência nem se condena a fartura moderada. "Cada um fica de pé ou cai para o Senhor" (Rm 14,4). Ninguém julga a outro para não ser julgado pelo Senhor. E aquilo que, na maioria das províncias é corriqueiro, ferir-se mutuamente com ofensas, aqui se desconhece completamente. Nem sombra de luxo, nem sombra de prazer.

2. Segundo retrato

Na cidade há tantos lugares de oração que um dia inteiro não é suficiente para percorrê-los. Porém, vindo ao povoadinho de Cristo e à casa de Maria, com que palavras, com que expressões poderemos descrever a gruta do Salvador? E aquele presépio no qual, quando era pequeno, deu os seus gemidos? Será melhor venerá-lo em silêncio que exaltá-lo com pobre discurso.

Onde estão aqui os amplos pórticos? Onde os ornatos de ouro? Onde as casas embelezadas à custa dos castigos dos miseráveis e o trabalho dos condenados? Onde estão as basílicas construídas como palácios, com as riquezas dos particulares, para que este desprezível corpo humano desfile com maior suntuosidade? Como se houvesse algo mais belo do que o universo, preferem contemplar seus próprios tetos antes que o céu.

Aqui, neste pequeno buraco da terra, nasceu o Criador dos céus. Aqui Ele foi envolto em faixas, aqui foi contemplado pelos pastores, aqui o assinalou a estrela, aqui foi adorado pelos magos.

(Santa Paula Romana e Eustóquia, sua filha)

III. Orações a Maria

1. Oração à Virgem Maria pedindo para ver a Vera-Cruz:

Santa Virgem,
que concebeste segundo a carne

um Deus todo-poderoso,
eu sei que não há figura que sendo manchada
de tantos crimes como eu sou,
ouse venerar a tua imagem,
e olhar para ti que és uma Virgem puríssima,
e cuja alma, assim como o corpo,
é isento de qualquer mancha;
pelo contrário, é muito justo
que tua pureza incomparável
deteste uma pessoa
tão abominável como eu sou.

Todavia, porque eu aprendi
que este Deus que tu foste digna
de trazer em teu seio,
só se fez homem
para chamar os pecadores à penitência,
suplico-te que me assistas
no abandono em que estou
de todo auxílio.

Recebe a confissão que te faço
de meus grandes pecados,
permita-me entrar na igreja,
para que eu não seja tão infeliz
de ser privada
da vista do precioso lenho
em que este Deus-Homem,
que tu concebeste permanecendo virgem,
foi pregado e verteu seu Sangue
para a nossa salvação.

Ordena, Rainha do céu,
que embora eu seja indigna,
a porta me seja aberta
para adorar esta divina Cruz!

(Santa Maria Egípcia, penitente)

2. Oferta de si mesma

Como (sou) vossa serva,
minha senhora, fazei de mim,
tudo o que vos agradar.

(Santa Isabel da Hungria)

3. Saúdo-vos, ó Virgem!

Saúdo-vos, ó ilustríssima Virgem,
pelo dulcíssimo orvalho que,
do Coração da Santíssima Trindade,
se derrama em ti desde a eternidade,
por vossa bem-aventurada predestinação!

Saúdo-vos, ó Santíssima Virgem,
pelo dulcíssimo orvalho que,
do Coração da Santíssima Trindade
desce sobre ti por tua vida bem-aventurada!

Saúdo-vos, ó Virgem nobilíssima,
pelo dulcíssimo orvalho que,
do Coração da Santíssima Trindade
se derrama em ti,
pela pregação e ensinamento
do vosso dulcíssimo Filho!

Saúdo-vos, ó Virgem amantíssima,
pelo dulcíssimo orvalho que,
do Coração da Santíssima Trindade
se derrama em ti
na amarguíssima paixão
e morte do vosso Filho!

Saúdo-vos, Virgem veneradíssima,
pelo dulcíssimo orvalho que,
do Coração da Santíssima Trindade
se derrama em ti;

Saúdo-vos na glória e no gáudio
com que agora vos alegrais eternamente,
vós, que de preferência a toda a criatura
da terra e do céu,
foste eleita antes mesmo
da criação do mundo!
Amém.

(Santa Matilde de Hackeborn)

4. Ó minha queridíssima Senhora

Ó minha Senhora tão querida,
peço-vos, pelo amor de vosso querido Filho,
que me auxilieis para que o ame
de todo o meu coração.
Sinto-me fraca para amá-lo
com tão fervoroso amor como deveria,
e por isso eu vos peço, ó Mãe de Misericórdia,
que vos agrade desprender inteiramente meu coração

de todo apego pelas coisas perecíveis,
atá-lo ao amor de Deus
e atraí-lo a vosso Filho com tanta força,
na mesma medida em que for pesado.
Amém.

(Santa Brígida da Suécia)

5. Louvores a vós, ó Rainha do céu

Louvores a vós, ó Rainha do céu,
que eu vejo ornada com todas as virtudes!
Louvores a vós que Gabriel pôde proclamar
Verdadeiramente cheia de graças!

Por vossa humildade e compaixão
reparastes as ruínas de nossa natureza.
É este Homem-Deus
que trouxestes em vosso seio virginal
e revestistes de vossa carne,
que nos libertou dos laços da morte
e retirou-nos do negro abismo.

Louvor eterno seja dado a vós,
ó Rainha dos anjos,
resgatada, ornada,
coroada por vosso Filho!
Vós sois nossa luz e nossa alegria
nesta vida bem-aventurada!

(Santa Francisca Romana)

6. Ó Virgem, vós adorastes o Mistério da Encarnação!

Vossa divina expectativa, ó Virgem,
de dar Jesus ao mundo,
vos ocupava mais do que o gozo
que vós tínheis dele em vós mesma.
Ó glória de Deus que vós operais
pura e santamente!

Alcançai-nos, ó Virgem,
a libertação de nossas vulgaridades,
de nossos pecados e mesmo das graças sensíveis,
para buscar só e unicamente
a adesão a Jesus e a vós;
porque nossos momentos são breves,
e nós perdemos a posse da graça por pouca coisa.

Rezemos pelas almas retiradas
do meio do mundo,
para que não se tornem indignas
de tornar sua vida santa
como Jesus o deseja.

Vós sois única, ó Virgem,
vós que adorastes o mistério da Encarnação
de forma perfeita,
e que vos unistes à plenitude da graça;
vós o estimastes mais
na propagação das divinas vontades,
que no vosso gozo.

Elevai nossas almas
a esta pureza de adoração
e de união às graças deste mistério,
doando do ardor e do amor
às nossas indiferenças intoleráveis,
entre tantas riquezas das quais
Jesus enche a terra.

(Margarida do Santíssimo Sacramento – "Acarie")

7. Agradecimento a Jesus, através do Sagrado Coração de Maria

Que vos darei, ó meu divino Esposo,
pelas copiosas graças em meu favor?
É através de vossa divina Mãe
que quero vos prestar minha gratidão.
Por isso vos ofereço seu Sagrado Coração,
este Coração, digo eu,
que tanto vos amou.

Permiti que eu vos ame
através deste mesmo Coração,
que eu vos ofereça
os sagrados peitos que vos amamentaram,
este seio virginal que quisestes santificar
por vossa permanência
antes de aparecer no mundo.

Vo-lo ofereço em ação de graças
por todos os benefícios sobre mim,
tanto de graça como de natureza.

Vo-lo ofereço para correção de minha vida
e para a santificação de minha alma,
e para que queirais me dar
a perseverança final
na vossa graça e no vosso santo amor.

Dou-vos graças, ó meu divino Esposo,
porque escolhestes
esta santíssima Virgem por vossa Mãe,
que lhe destes as graças adequadas
àquela elevada dignidade, e, por fim,
porque quisestes dá-la a nós por Mãe.

Adoro o momento sagrado
de vossa Encarnação em seu seio puríssimo,
e todos os divinos momentos
de vossa vida passageira sobre a terra.

(Santa Maria da Encarnação Guyart Martin)

8. Que eu seja escrito no número dos predestinados

Santíssima e Imaculada Senhora,
por haver-te preservado o Altíssimo
de toda mancha de pecado
para que foste digna Mãe de teu Filho Unigênito,
que de teu ventre virginal
assumiu carne humana e se fez homem:
suplico-te, puríssima e bendita
entre todas as mulheres,
que me alcances de teu amantíssimo Filho
perdão copioso de todos os meus pecados,
e que eu seja escrito no número dos predestinados,

e nesta vida alcance a graça final
com que mereça a eterna,
que esperamos de ti, Senhora nossa,
e pelo mesmo Senhor que vive e reina
pelos séculos dos séculos.
Amém.

(Venerável Maria de Jesus de Ágreda)

9. Consagração da obra a Maria

Ó Santíssima Virgem!
Eis aqui a menor tropa de vossas servas
que se consagraram ao serviço de Deus
sob a vossa direção.

Elas desejam vos seguir,
como filhas bem-nascidas seguem
sua mãe e sua aia[1],
e elas vos admiram como sua
querida Instrutora e sua primeira Superiora;
na esperança que o bom Deus
aprovará sua escolha e vos dará
a atribuição desta comunidade
que é obra vossa.

Nada temos que seja digno de ser
apresentado a Deus;
mas esperamos alcançar, através de vós,
as graças necessárias para a nossa salvação
e a perfeição de nosso estado.

---

1. Ama, senhora e preceptora que costumeiramente acompanhavam as filhas de nobres e ricos dando-lhes educação e cuidados, além de, algumas vezes, dirigirem também os empregados da casa.

Vós conheceis melhor
quais são as nossas necessidades
e o que nós devemos pedir para conhecer;
não nos recuseis a vossa assistência.

Ajudai-nos com vossas poderosas intercessões
a receber as luzes do Espírito Santo,
a fim de poder trabalhar para a boa educação
das meninas e das alunas,
das quais nós somos encarregadas
por nossa profissão (religiosa).

(Santa Margarida Bourgeoys)

10. Sobre a concepção da Virgem

Execráveis autores de uma falsa crença,
cujo seio hipócrita entoca um coração de fiel.
Lançai vossos olhos fracos na arca d'aliança,
vós a vereis semelhante à rainha do céu.

Comparai suas belezas e efeitos singulares,
e depois confessai com submissão
que a Mãe de Deus, esta rainha dos anjos,
só pode ser pura em sua concepção.

Uma tem em seu seio a ventura de nossos pais,
e a outra no seu nossa esperança a mais querida;
uma por seu poder afasta suas misérias,
e a outra pelo seu nos guarda de pecar.

Se uma fez ganhar em várias ocasiões as batalhas,
porque em seu seio um tesouro está escondido;

a outra não faz menos, tendo em suas entranhas
o que nos faz vencer e domar o pecado.

A arca santa, conduzida a um lugar cheio de vício,
desde o instante de sua chegada, derruba os falsos deuses;
ela foge a permanência, e presume o suplício
de habitar num lugar tão pouco querido dos céus.

Portanto, se uma arca simples e bem menos necessária
não poderia habitar em um lugar profano,
como pensaríeis vós que esta santa mãe,
sendo um templo impuro, fosse o templo de Deus?

(Jaqueline de Santa Eufêmia – "Pascal")

11. Orações natalinas à Virgem

a) Ó Senhora dos anjos, lembra-te de teu povo aflito!

Ó Senhora, cujo trono está acima dos tronos!
Ó cheia de sabedoria, mais do que os querubins!
Ó incendiada em caridade, mais do que os serafins!

Nós, acompanhados destes três Coros,
entregamos-te a obediência
como mais obrigados vassalos teus,
e suplicamos-te que, na grandeza que gozas,
lembre-te, divina Ester, de teu povo aflito,
e de tua opressa linhagem, libertando-o,
soberana Judite, do domínio do demônio,
distribuindo nossas obras com tua equidade,
alumiando com tua sabedoria nosso entendimento
para contemplar tuas grandezas;

incendiando com teu amor os nossos corações, para que,
afervorados em tua dulcíssima devoção,
aclarados com tua luz e auxiliados por teu maternal favor,
saibamos nesta vida os meios para te servir
e cumprir a vontade de teu Filho Santíssimo,
a fim de que, através da segura porta
de tua intercessão, mereçamos entrar na glória,
onde eternamente te gozemos.
Amém.

b) Oração a Maria no Natal (I)

Oh, Mãe do Verbo Eterno, e tão piedosa que, ao sê-lo,
vos dignais de o ser (também) dos homens!
Bendito seja vosso nome e ventre puríssimo,
que mereceu ser durante nove meses custódia da Divindade.

Benditos sejam vossos sagrados seios,
que apascentaram com o suavíssimo néctar de vosso
 sangue puríssimo
àquele que mantém e sustenta o universo inteiro.

Nós nos regozijamos de ver-vos
na altíssima posse (do título) de Mãe de Deus,
e vos felicitamos pela dignidade à qual subistes,
e por quem nos exaltastes por aparentar-nos
com vosso Filho e Senhor nosso.

Já por vosso meio nos reconhecemos
os homens títulos da Casa Real do Senhor[2],
a quem tratará e chamará parentes.

---

2. Homens títulos da Casa Real = nobres e dignitários.

Ó minha Senhora, fazei que alcancemos
esta dignidade que vós nos alcançastes,
e agradecê-la como devemos, e que saibamos reconhecer
que a carne e o sangue puríssimo que vós destes ao Verbo
   Eterno,
são os que foram na Cruz o preço de nossa Redenção,
para que víssemos quanta parte tínheis nela.

c) Oração a Maria no Natal (II)

Com que vos pagaremos, minha Senhora,
o muito que vos devemos?
Já vedes nossa pobreza e nossa ignorância;

enriquecei-nos com vossos tesouros
e ilustrai-nos com vossa sabedoria,
para podermos vos pagar com algo,
ou retribuir-vos alguma parte
do muito que vos devemos.

Suplicai a vosso Filho e nosso Salvador,
que nos prepare para que,
assim como vós o recebestes hoje
em vosso puríssimo ventre,
e nós sacramentados em nossos indignos peitos,
assim o recebamos e concebamos
perpetuamente em nossas almas,
para alcançarmos a promessa da Bem-aventurança
que sua Majestade faz a quem ouve
a Palavra de Deus e a guarda;

da qual vós gozais
com tão crescentes excessos de glória
a todos os outros bem-aventurados,
quanto só pode o Senhor contar,
com quem reinais por toda a eternidade.
Amém.

(Joana Inês da Cruz)

12. Momentos de intimidade com a Mãe

a) Oferecimento em união com a Virgem Maria

Estou preparada para tudo.
Vós, ó Virgem Santíssima, oferecei-vos no meu lugar,
com todos os vossos méritos, penas e dores
que padecestes sob a Cruz e no tempo da Santíssima Paixão:
pedi perdão e misericórdia ao vosso Filho por mim.
Eu nada posso, vede a minha insuficiência, e quem sou.
Preparai-me para esta graça.

b) Oração íntima à Mãe do Céu

Minha mamã[3], nada mais posso fazer:
a santa Obediência me envia a vós,
porém, deveis estar me sentindo.

Em resumo, sou vossa filha,
sou filha de vosso servo (o confessor).

Vós sendo Mãe das dores, eis-me aqui toda aflita.
Arrependo-me dos meus pecados,
sofro pela minha ingratidão.

---

3. Mamã: termo íntimo e carinhoso. O mesmo que "mamãe, mãezinha".

Sei que não ouso elevar os olhos ao Céu.
Toda confiança em vossa misericórdia
me põe como morta a todos os vossos desejos[4].

(Santa Verônica Giuliáni)

13. Súplicas à Virgem piedosa

a) Mãe da divina piedade!

Prostrada a vossos santíssimos pés, ó grande Rainha do céu,
eu vos venero com o mais profundo respeito,
e confesso que sois a Filha do divino Pai,
Mãe do Verbo divino, Esposa do Espírito Santo!

Vós sois a tesoureira e a dispensadora das suas misericórdias.
O vosso puríssimo coração repleto de caridade, de doçura
e de ternura pelos pecadores, é a razão pela qual nós vos chamamos
"Mãe da divina Piedade".

Por isso, com grande confiança apresento-me a vós,
   Mãe amorosíssima,
aflito e angustiado, e vos peço que me faças experimentar
   a verdade,
com a qual me amais, concedendo-me a graça pela qual
   vos suplico,
se for conforme a Divina vontade, e de proveito para a
   minha alma.

Oh, volvei, eu vos peço, os vossos olhos puríssimos para mim
e para todos os meus próximos, e especialmente daqueles
que mais se recomendaram às minhas orações.

---
4. "Como morta". Sentido: não resisto à vossa vontade.

Defendei-nos da cruel guerra, que o demônio, o mundo
e a carne
fazem às nossas almas, e quantas não pereçam!

Lembrai-vos terníssima Mãe, de que todos somos os
vossos filhos
comprados com o preciosíssimo Sangue do vosso
Unigênito.

b) Para pedir uma graça por Maria

Pedi esta graça, ó Mãe amorosíssima,
pela infinita bondade do Deus Altíssimo;
pelos méritos do vosso Santíssimo Filho;
pelo leite que lhe destes;
pelo cuidado com que o servistes;
pelo amor com que o amastes;
pelas lágrimas que derramastes,
e pelas dores que sofrestes
na sua Santíssima Paixão.

Alcançai-me o grande dom,
que o mundo inteiro forme um só povo
e uma só Igreja,

que dê glória, honra e ação de graças
à Santíssima Trindade, e a vós,
que sois a medianeira.

Que esta graça me seja concedida
pelo Poder do Pai,
a Sabedoria do Filho,
e a Virtude do Espírito Santo.
Amém.

(Beata Ana Maria Taigi)

IV. Orações aos santos anjos

1. Oração a São Gabriel

Santo anjo Gabriel, lembrai-vos de mim!
Eu vos confio a mensagem do meu desejo.
Dizei a Jesus Cristo, meu Senhor querido,
como desfaleço de amor por Ele.

Se algum dia devo sarar, eu não quero outro médico.
Vós podeis lhe reportar com fidelidade que eu não suporto mais,
sem serem tratadas nem enfaixadas as feridas que Ele
    mesmo infligiu.
Ele me feriu até a morte, e agora,
que Ele me deixa sem ser tratada eu não posso me curar.

E ainda que todas as montanhas fossem um unguento
    para as feridas,
que todas as águas fossem uma poção salutar,
que todas as árvores e suas folhas servissem
para enfaixar minhas chagas,
eu não poderia com tudo isso me curar.

É necessário que se aplique Ele mesmo sobre as feridas de
minha alma.
Santo anjo Gabriel, lembrai-vos de mim!
Eu vos confio esta mensagem de amor.

Quem quiser amar a Deus sentirá todos os seus sentidos
despertarem por esta carta,
e se encontrará totalmente disposta a seguir Deus.

(Santa Matilde de Magdeburgo)

2. Saudação devota para receber o anjo que o Senhor envia no Batismo

Saúdo-te, anjo santo de Deus, sentinela
e cuidadoso guardião de minha alma e de meu corpo.

Suplico-te pelo dulcíssimo Coração de Jesus Cristo, Filho
    de Deus,
por amor daquele que a ti e a mim nos criou,
pela caridade imensa daquele que me confiou
e encomendou a ti no Batismo:

Suplico-te que me recebas debaixo de teu amparo
com cuidado de fidelíssimo pai,
para que passe o Mar Vermelho desta vida miserável
pelo caminho limpo da guarda da lei de Deus.

Peço-te humildemente que não me percas de vista,
nem me deixes sem tua companhia.

Faça que eu chegue juntamente contigo, alegre a ver
àquele dulcíssimo rosto e àquela beleza gostosíssima
da Imperial Divindade, que tu já vês,

a qual é maior do que a doçura de qualquer outra
   suavidade;

pois nem olhos viram, nem ouvidos ouviram,
nem pensamento humano pôde conter
a grandeza dos bens que Deus tem preparado
para aqueles que o amam.
Amém.

(Santa Gertrudes de Helfta)

3. Orações ao anjo da guarda

a) Súplica ao santo anjo da guarda pedindo por Jesus

Ó meu Irmão, interrompei vosso silêncio,
não tardeis mais em me dar notícias de meu Bem-amado;
não recuseis a meu amor todas as indicações que meu
   coração desejar:

Onde está agora este esposo querido? O que faz? Do que
   se ocupa?
Acreditai que Ele ainda me ama? Fala de mim às vezes?
Ocupo sempre um lugar em sua lembrança? Não vos disse
que me chamaria em breve para o seu reinado?

Oh, até quando Ele me deixará neste lugar de exílio?
O que me tornarei se meu banimento durar muito
   tempo ainda?
Eu não sei como hei de viver com um coração ferido
por uma flecha de seu amor, e que o fogo de sua divina
   caridade
consome ao ponto que me sinto morrer.

Ó anjo, meu irmão! Falai da minha dor ao Bem-amado da minha alma:
dizei, pois, a meu esposo que eu definho de amor.
Vou falar como uma louca, como uma impaciente; mas o que fazer?
A violência do meu amor é tal, que já não sei mais o que digo.

Por que Ele me aflige em vez de ter piedade de minha fraqueza e abatimento,
Ele que me recomendou a compaixão pelos infelizes?

b) Dizei a meu Bem-amado!

"Oh! Se eu pudesse atrair a mim este Bem-amado
assim como Ele é o mestre de me atrair a Ele,
não haveria mais para mim nem descanso nem sono
até que minha alma, abrasada pela sede de possuí-lo,
fosse satisfeita.

Eu o atrairia a meus braços, fá-lo-ia passar no fundo do meu coração,
ou melhor, entraria no seu e me submergir-me-ia inteiramente no dele.

Correi apressadamente, e dizei a meu Bem-amado
qual é o fogo que me abrasa, qual é o ardor que me devora.
Saudai para mim a meu esposo no lugar mais recôndito de seu coração;
dizei-lhe que lhe serei fiel até a morte, e que o coração de sua esposa
é um jardim lacrado onde jamais entrará outro amor senão o seu;

exceto, porém, o de sua Mãe, mas sei que Ele o aprova,
e felizmente,
porque não posso prescindir de amá-lo.
Oh! Saudai a augusta Rainha do céu...

c) Anjo de Deus e amado irmão

Anjo de Deus e amado irmão,
cheio de confiança nas vossas bondades,
suplico-vos humilde e instantemente
para interceder por mim junto de meu esposo,

para que Ele me perdoe todas as transgressões,
que Ele me consolide na prática de todo bem,
que Ele me auxilie com sua graça a corrigir meus defeitos
e me conduza ao céu
para aí desfrutar de sua amável presença;

para aí saborear seu amor inebriante,
para aí possuir uma vida eterna.

(Santa Ludovina ou Liduína)

4. Estrofes ao santo anjo da guarda

Jovem celestial, voa ao Criador,
diz-lhe, que sem vida por Ele vivendo estou.

Diz-lhe de minhas angústias o último rigor:
pois vive quem espera, e espero e morro eu.

Por que a Rosa flor sua se é flor do Sol,
seus raios tardam a mostra do Sol?

Roga-lhe que apresse para mim sua inclinação:
seu rosto manifeste, que morro de amor.

(Santa Rosa de Lima)

V. Orações e hinos ao Espírito Santo

1. Sequência ao Espírito Santo

Ó fogo do Espírito
  Paráclito,
Vida da vida de toda
  criatura,
Tu és santo, Tu que animas
  as formas.
Tu és santo, Tu que unges
os feridos graves.
Tu és santo, Tu que purificas
as chagas purulentas.

Ó sopro de santidade!
Ó fogo de amor!
Ó doce sabor em nossos
  corações,
Tu que és infuso nos
corações

no bom odor das virtudes.
Ó fonte puríssima
na qual podemos ver
que Deus reúne os
  estrangeiros
e busca os que estão
perdidos.

Ó couraça da vida,
esperança de união para
  todos os membros
e ó cíngulo de honestidade,
salva os bem-aventurados.

Protege àqueles que o
  inimigo

tem encarcerados,
e desata os atados,
que a força divina quer
  salvar.

Ó caminho firmíssimo,
que penetras tudo
nas alturas, e na terra
e em todos os abismos,
Tu que abarcas e reúnes a
  todos.

Por ti, as nuvens flutuam,
  o ar voa,
as pedras se umidificam,

das águas nascem os riachos,
e a terra transpira o verdor.

Tu sempre ensinas os
doutos
e alegra-os,
pela inspiração da
  Sabedoria.

Assim louvo a ti,
som de todo louvor
e alegria da vida,
esperança e honra
  firmíssima,
doador dos dons da luz.

(Santa Hildegarda de Bingen)

2. Vem Espírito Santíssimo

Vem Espírito Santíssimo, vem ó amor fervoroso;
vem fogo que não consome, mas ilumina e consola.

Banha de tua luz
e enche de teu amor
este coração.

Ai de mim, porque estou pobre
de teus soberanos bens.

Transforma-me em ti e faz-me fogo de vida
como Tu és, para que te ame.

Dá-me luz para que te conheça,
traz-me a ti com os laços amorosos
com que atraíste a Adão,
para que somente em ti me deleite.

Presenteia-me com dons do céu,
para que odiando todos os prazeres do mundo,
goze somente de ti perpetuamente.
Amém.

(Santa Gertrudes de Helfta)

3. Súplicas ao Espírito

a) Vinde, Espírito Santo, enchei todos os corações!

Ah! Quem me dará a graça de me manter em repouso interior,
longe de todas as distrações do mundo,
para que em silêncio aguarde a vinda do Espírito Santo?

Ó Santíssima Virgem! Ó gloriosos apóstolos!
Alcançai-me (a graça) de vossa devoção,
para que eu seja perseverante na oração;

que se o Senhor tarda em vir,
que eu me mantenha na sua expectativa;

porque sei com certeza, ó meu bom Deus,
que não me deixareis órfã,
mas que se eu perseverar na vossa obediência,
Vós me enviareis o Espírito da verdade.

Vinde, Espírito Santo, enchei todos os corações
 com o fogo de vossa caridade;
vinde, Pai dos pobres, vinde, doador dos dons,
luz dos corações.

Ah, doce Jesus!
Querendo dar início à publicação de vossa lei,
Vós derramastes sobre os vossos discípulos muitas línguas
 de fogo,
mostrando claramente que a pregação evangélica
era totalmente destinada
ao abrasamento dos corações no amor celeste.

Ah, Espírito Santo!, que trazeis tanto fogo à terra,
que quereis, senão que ele abrase?

b) Ó Espírito Santo!

Suplico-vos mais uma vez, enchei o meu coração
com o fogo de vossa caridade, desta caridade, digo,
que sofre tudo, que crê tudo, que não é aborrecida.

Ó santíssima Igreja do Deus vivo, que agora sois rica!
O Espírito Santo enche todos os vossos bem-aventurados
 obreiros,
e os transforma todos em fogo, em amor e zelo;

eles estão ébrios do vinho do Esposo,
e tão repugnados pelas coisas terrestres
que se consideram doravante felizes de estarem
 angustiados,
em perseguição, e em estado de morte,
por seu amado Jesus:

Ó Espírito Santo!
Se eu vos recebesse sem resistência,
sem dúvida eu teria grandes efeitos em mim;
eu falaria unicamente das maravilhas de Deus,
buscaria apenas a sua glória e minha humilhação própria,
eu me consideraria feliz de sofrer ultrajes pelo nome do Senhor.

(Santa Joana Francisca de Chantal)

4. Consagração da manhã ao Espírito Santo

Ó adorável Espírito de Deus, Espírito vivificante e santificante,
que desde os primórdios da criação imprimistes às novas criaturas
o selo daquela perfeição que lhes convinha;

oh!, pairai sobre mim como pairastes então sobre as águas,
e infundi nesta alma a riqueza da graça e dos vossos dons,
acrescendo vigor e constância,
para que eu corresponda aos vossos supernos auxílios,
e jamais me canse de percorrer aquele caminho que introduz no Céu.

Suplico-vos, ainda, ó Espírito Santo, Eterno Amor,
a visitar o coração de todos os vossos fiéis e enchê-lo com a graça superna;
a visitar o coração dos tíbios e cristãos negligentes,
e reacender neles o fogo do celeste amor;

a visitar o coração dos pecadores, e despertá-lo do sono fatal da morte,
a visitar as terras dos infiéis, abençoá-las novamente,

e enviar nessa seara abandonada, muitos operários para
  recolher-vos
os preciosos frutos da Redenção.

Estai também comigo, ó Espírito Santo,
e abençoai-me desde o princípio deste dia, guiai os meus
  pensamentos,
possuí os meus afetos, regulai a minha vontade,
moderai os meus sentidos, particularmente a língua,
e concedei-me chegar ao anoitecer, antes de sobrevir a morte,
sem vos ter entristecido.
Amém.

(Beata Elena Guerra)

VI. Orações pela santa igreja

1. Oração da Igreja por si mesma

Ó Pai celestial,
eu, a Igreja, que deveria ser a noiva de teu Filho,
embora debilitada, dirijo meu grito a ti, ó Pai de tudo,
para que não tardes em vir em meu socorro,
porque meus membros, que são os membros de teu Filho,
estão destruídos e dispersos, portanto,
volve rapidamente sobre mim teus olhos misericordiosos

e defende-me, porque se esqueces de mim,
dirijo-me à ruína completa.

(Santa Hildegarda de Bingen)

2. Oração pelo papa e pela Igreja

Tu, Deus eterno, alta e eterna Deidade,
na tua luz fazes ver a luz.
Por isso suplico-te humildemente,
que infundas essa luz em toda criatura racional,
mas singularmente no nosso doce pai, teu vigário,
tanto quanto necessite, de tal modo que faças dele outro Tu.
Dá luz aos que estão envoltos em trevas,
para que na tua luz te conheçam e amem a Verdade.

Peço-te também, com singular solicitude,
por todos os que me destes,
para que os ame com singular amor,
que sejam iluminados com tua luz,
e seja tirada deles toda imperfeição,
para que, em verdade, trabalhem no teu Jardim,
onde os pusestes para trabalhar.
Castiga e vinga suas culpas e suas imperfeições em mim,
porque sou eu a sua causa.
Pequei, Senhor, tem piedade de mim...

Tua vontade te obrigues
a ter misericórdia com o mundo, e com teu auxílio divino
socorrer ao teu vigário e a tua doce Esposa.
Pequei, Senhor, tem misericórdia de mim.

Alta e eterna Deidade,
dá-nos a tua doce bênção".
Amém.

(Santa Catarina de Sena)

3. Oração pelos sacerdotes, confessores e diretores espirituais

Meu Deus e meu Esposo,
em vossa mão entrego estes tesouros infinitos (méritos de
   Cristo).
Distribua-os, pois vós sois seu único dispensador...

Eis-me aqui, meu Esposo. Fazei em mim tudo o que quereis,
fazei o mesmo ao Diretor que vos substitui junto a mim.
Dai-lhe a verdadeira luz, para que, por vossos méritos
   santíssimos,
Ele possa trabalhar para vossa maior glória e segundo a
   vossa vontade.

Eia, pois, meu Esposo, oferecei por mim, ao vosso Pai eterno,
estes tesouros imensos, e oferecei-os por todos os vossos fiéis,
por vossos sacerdotes em satisfação das faltas que eles
   têm cometido
em sua vocação sacerdotal.

Recomendo-vos, em particular, todos os confessores
e principalmente aqueles que Vós me destes no passado
   e no presente.
Abrasai-os em vosso amor, iluminai-os com a pura fé,
fazei-os avançar sempre mais no desejo de amar as almas.

Ofereço-vos, agora e sempre, todas as suas obras
com vossos santíssimos méritos, para que tudo seja em honra
de vossa divina Majestade.

(Santa Verônica Giuliáni)

4. Abandono ao amor de Deus e pela Igreja

Eu faço voto de me abandonar ao vosso amor, ó Jesus,
oferecendo-me para sofrer tudo o que Ele quiser,
tendo uma tal confiança nele,
que eu não duvide nem jamais me preocupe
    voluntariamente
com alguma das causas a Ele confiadas através de
    minha oração,
fazendo tudo da forma mais perfeita, ou seja,
a vontade do amor e obedecendo em tudo a vontade de
    vosso amor
representado pela Ordem Seráfica[5].

Abandono-me também ao amor
pelas necessidades da Igreja militante e sofredora,
aqueles da Ordem Seráfica, do Instituto, de minha alma,
e para corresponder a vossa eleição divina
que me deu o nome de Maria Vítima de Jesus Crucificado.
Que vossa graça me ajude a ser fiel a este lema:
Amor e sacrifício.

(Beata Maria da Paixão)

---
5. Ordem Seráfica = Ordem Franciscana.

VII. Louvor e súplicas pelas virtudes

1. Ó Bem-aventurada pobreza

Ó bem-aventurada pobreza,
que, para aqueles que a amam e a abraçam,
dá as riquezas eternas!

Ó santa pobreza,
para aqueles que a têm e a desejam
está prometido por Deus o Reino dos Céus
e são oferecidas, sem dúvida alguma,
a glória eterna e a vida bem-aventurada!

Ó piedosa pobreza,
que o Senhor Jesus Cristo,
que regia e rege o céu e a terra,
e que disse e as coisas foram feitas,
se dignou abraçar com preferência a todas as coisas!

(Santa Clara de Assis)

2. Eis-me aqui mendiga

Senhor, é necessário que a vossa vontade seja feita!
Ontem eu era duquesa, com grandes e ricos castelos;
hoje eis-me aqui mendiga,
e ninguém quer me dar albergue.

Senhor, se eu vos houvesse servido melhor
enquanto era soberana,
se eu houvesse dado mais esmolas
por amor de Vós,
é agora que eu me congratularia disso:
infelizmente não foi assim!

Mas em seguida, vendo seus pobres filhos atormentados pela fome pelo frio, provocava novas dores em seu afetuoso coração:
Eu tenho merecido vê-los sofrer assim,
por isso me arrependo amargamente!...
Meus filhos nasceram príncipes e princesas, e ei-los famintos,
e não tendo sequer palha para se deitar!

Por causa deles, tenho o coração traspassado de angústia;
quanto a mim, Vós sabeis, ó meu Deus,
que eu sou indigna de ter sido escolhida por Vós
para a graça da pobreza!

Meu amado Senhor,
eu vos agradeço por me fazer assim semelhante a Vós,
porque Vós viestes ao mundo nu e despojado de tudo,
e é assim que Vós fostes cravado à cruz.

(Santa Isabel da Hungria)

3. Oração de uma pobre mendiga

Senhor, graças vos dou por ter, com vosso amor,
tirado de mim todas as riquezas da terra,
de me vestir e nutrir até hoje com os benefícios de outros;

porque se ainda existe algo de próprio
que revista meu coração de alegria,
ainda é necessário que isso se torne estranho para mim.

Senhor, eu vos agradeço por ter tirado de mim
o uso de meus olhos,
porque Vós me servis com os olhos das outras pessoas.

Senhor, eu vos agradeço por ter tirado de mim
o uso de minhas mãos,
porque Vós me servis com as mãos das outras pessoas.

Senhor, eu vos agradeço por ter tirado de mim
a força de meu coração,
porque Vós me servis com o coração dos outros.

Senhor, peço-vos por elas (as Irmãs),
e suplico-vos de lhes dar em recompensa, sobre esta terra,
vosso divino amor,

para que elas possam vos suplicar e vos servir
com todas as virtudes
até uma morte santa.

(Santa Matilde de Magdeburgo)

4. Na cruz pus meu leito

Louvo-te Deus amado,
na cruz pus meu leito,
por almofada ou cabeceira
encontrei a pobreza,
por descanso no outro lado do leito
encontrei a dor e o desprezo.

(Santa Ângela de Foligno)

5. Fazei-me ser obediente

Fazei, meu Deus, fazei, eu vos suplico,
que eu obedeça e que doravante,
meus pecados não me privem mais desta graça!
Ou morrer, ou obedecer, meu Deus!
Porque Vós vivestes e morrestes por obediência.

(Venerável Margarida do Santíssimo Sacramento)

6. Orações para obter a humildade

a) Primeira prece

Ó Jesus! Quando éreis viajante sobre a terra, dissestes:
"Aprendei de mim que sou manso e humilde de coração
e encontrareis o repouso de vossas almas".

Ó Poderoso Monarca dos céus, sim,
a minha alma encontra o repouso em Vós vendo-vos
revestido da forma e da natureza de escravo, humilhar-se
até lavar os pés dos vossos apóstolos...

Ninguém, ó meu Bem-Amado,
tinha esse direito para convosco, entretanto,
obedecestes não só a Santíssima Virgem e a São José,
mas também aos vossos carrascos.
Agora é na Hóstia que vos vejo alcançar
o auge de vossos aniquilamentos.

Qual não é a vossa humildade, ó divino Rei da Glória,
submetendo-vos a todos os vossos sacerdotes
sem fazer distinção alguma entre aqueles que vos amam
e os que são, ai!, tíbios ou frios no vosso serviço.

Eles podem adiantar ou atrasar
a hora do Santo Sacrifício,
Vós estais sempre pronto
a descer do Céu ao seu chamado.

Ó meu Bem-Amado, é sob o véu da branca Hóstia,
que Vós me pareceis manso e humilde de coração!
Para ensinar-me a humildade,
não podeis rebaixar-vos mais.

(Passim)

b) Segunda prece

Suplico-vos, meu divino Jesus,
que me envieis uma humilhação
sempre que eu tentar me elevar acima dos outros.

Eu sei, ó meu Deus,
vós humilhais a alma orgulhosa,
mas àquela que se humilha
dais uma eternidade de glória;

quero, pois, colocar-me na última fila,
compartilhar vossas humilhações para "ter parte convosco"
no Reino dos Céus.

Mas, Senhor, minha fraqueza vos é conhecida:
toda manhã eu tomo a resolução
de praticar a humildade
e à noite reconheço que cometi de novo
muitas faltas de orgulho;

ao ver isso eu sou tentada a desanimar,
mas eu sei,
o desânimo também é do orgulho.

Por isso eu quero, ó meu Deus,
fundar minha esperança
unicamente em Vós.

Já que tudo vos é possível,
dignai-vos fazer nascer em minha alma
a virtude que desejo.

Para alcançar essa graça
de vossa infinita misericórdia,
vos repetirei frequentemente:
"Ó Jesus, manso e humilde de coração,
fazei o meu coração semelhante ao vosso"!

(Santa Teresa do Menino Jesus)

VIII. O amor é divino

1. "O que é o Amor"

Eu não me lamento do mal do Amor;
a seu serviço eu sempre estou,
que ele ordene alto ou que sussurre.
O reflexo só, eu conheço de sua figura.
    Meu coração encheu-se
    de um milagre incompreendido
    que me lança perdida
num deserto árido e sem natureza.

Tal deserto existe incriado
porque o Amor desenha em suas terras:
de um impetuoso desejo ele nos penetra
e, ignorante de si, faz-nos degustar seu ser.
    Ele mostra-se e desaparece
    como a vaga que passa.
    Nós o perseguimos em vão,
mas nossos corações miseráveis nunca se cansam.

2. "Luta com o mundo em razão do amor"

Os estrangeiros cruéis
me causam tão grande pena
nesta miséria extrema
de seu mau conselho.
Por mim não têm nenhuma amizade,
apavoram-me e não têm piedade:
sua cegueira condena e fere,
e eles não chegam a compreender
como o Amor pôde me seduzir,
encher meu coração de tanto júbilo.

Quem quer nascer ao Amor
não hesita no gasto,
doa-se a ele com constância
e trabalha noite e dia,
só pensando naquele
que seu coração escolheu.
Nos laços do Amor ata-se a si mesmo,
através da amargura e através do tormento,
no escândalo e no ardor

das lutas, por aflições e doçuras.
Assim terá conhecimento
com a nobre essência da profundeza do Amor.

(Irmã Hadewich)

3. Tu mesmo és o Amor!

O sétimo dom é o amor.
Ó sumo Ser, faz-me compreender este dom,
porque todos os anjos e santos não têm outra visão,
senão ver-te amado, amar-te e contemplar-te.
Ó dom, que está acima de todo dom,
porque Tu mesmo és o Amor!
Ó sumo bem, que te dignaste fazer-nos conhecer a ti,
que és o Amor, e nos fazes amar a tal Amor!

Portanto, aqueles que vierem diante de tua face
serão remunerados segundo o amor que tiveram,
e nada mais guia os contempladores na contemplação,
senão o verdadeiro amor.

Ó admirável, que realizas coisas admiráveis nos teus filhos!
Ó soberano bem! Ó bondade incompreensível e caridade
 ardentíssima!
Ó divina pessoa, que te dignaste nos substanciar
em meio a tua substância! [6]

Ó Senhor, isto é admirável sobre todo o admirável
que realizas em teus filhos!
Ó arcano admirável! Não há inteligência humana que não
 desfaleça

---

6. A santa fala aqui da Eucaristia.

ao considerar esta substância:
mas com a graça e luz divina sentimos tal substância!

(Santa Ângela de Foligno)

4. Amor de meu coração!

Quem sou eu, meu Deus, amor de meu coração,
para atrever-me a vos amar, se Vós,
por singular benefício não me ordenásseis?

Ai de mim! Como sou dessemelhante a Vós,
tendo sido feita a vossa semelhança!
Quão eclipsada e desfigurada, tendo a imagem
de vosso belo rosto que estampastes em mim,
e, assim, se vossa misericórdia não me animasse[7],
não me atreveria a comparecer diante de Vós.

Por mim nada sou; quando mais tenho valor,
sou uma gotinha de vossa bondade,
e Vós sois um mar cheio de toda doçura.

Ó amado amor, abre a janela do paraíso,
que é vosso costado e as entranhas de vossa piedade,
para que, me vendo no céu, possa sair adornada e vestida
com dons e graças conforme vosso gosto.

Ó Sol de justiça, por meio dos raios de vossa piedade,
destila sobre mim todas as nuvens
de vossa benigníssima paternidade.

---

7. De "anima" = *alma, dar vida*.

5. O oceano de tua caridade!

Meu Deus, rompe para mim todas as fontes
do grande abismo de tua infinita misericórdia:
que eu fique submersa no oceano de tua caridade.

Cubra-me o abismo do mar de tua benigníssima piedade,
que eu pereça no dilúvio do teu vivo amor,
como a gota d'água perece no mar,
na profundidade de sua imensidade.

Que eu morra, morra no caudaloso rio
de tua imensa misericórdia,
como morre uma pequena centelha de fogo
na impetuosa e furiosa corrente de um rio
abundante e caudal.

Chova sobre mim
o orvalho de teu divino amor.

(Santa Gertrudes de Helfta)

6. Por que não tenho cem corações para amar-vos?

Ó meu amor, se Vós tanto me amais, vilíssima criatura,
por que não consigo encontrar uma forma
de amar-vos novamente como mereceis?

E se corretamente vos amo com todo o meu coração,
  esta correspondência
é fraca demais (em comparação) ao vosso imenso amor.

Ai de mim! Por que não tenho eu cem corações, melhor,
os corações de todas as criaturas

para poder vos amar muito mais, como eu
   quereria?

E sabendo eu que, nesta vida não é possível estar em
   contínuo ato de amor,
como os vossos santos estão no céu,
desatai a minha alma dos desprezíveis vínculos deste corpo,
e uni-a a Vós para sempre.

(Santa Clara da Cruz)

7. Ó amor tranquilo e dulcíssimo!

Vós que atraís as almas para o vosso reino,
visto que vos dignastes nela me introduzir, eu vos imploro:
não me obrigueis a sair.

Ó amor verdadeiro e compassivo!
Vós que fazeis as almas subirem ao lugar de vossa
   glória, depois,
quando elas estão sedentas de vossa presença as obrigais
   a voltar,
o que quereis que elas se tornem?

Elas conheceram por experiência a doçura de vosso amor;
elas compreendem bem que sois o próprio amor:
obrigá-las, em seguida, a se separarem de Vós
é fazê-las morrer.

Vós me introduzistes em vosso coração,
e a alegria que lá provei me faz dizer:
ó amor saborosíssimo e verdadeiramente incomparável!
Já que quereis que eu vos deixe,

peço-vos a morte como uma graça, porque, longe de Vós,
eu não conseguiria suportar a vida.

8. Amor, não me mandeis de volta!

Amor, não me mandeis de volta,
porque o simples pensamento de me afastar de Vós
dilacera o meu coração e o afoga de amargura.

Não me façais morrer;
porque não posso mais viver se Vós
me forçais a descer para longe de Vós.
Vós conheceis a minha baixeza e indignidade;
porém, eu não conseguiria me enobrecer
a mim mesma.

Vós sois Mestre, por outro lado,
para me renovar aqui, segundo a vossa vontade.

Ó dulcíssimo amor e Senhor!
Fazei de mim o que possais fazer:
dai a meu espírito a luz,
e ao meu coração esta plenitude de graças,
que o pode submeter inteiramente a vosso bel-prazer.

Eu não consigo ir embora.
Este retorno me desola e me dilacera (o coração).
Para que retornar à terra?

Eu não posso fazer nada por mim.
Eu não conseguiria impedir a minha indignidade".

(Santa Francisca Romana)

9. Ó divino amor, o que poderei de ti dizer?

Mostraste-me, Senhor, outra luz, na qual vi que todo o resto era amor-próprio,
e que aquelas operações que pareciam tão amorosas em ti e por ti,
estão todas manchadas de mim mesma, porque passavam através de mim,
e no segredo me apropriava delas, e em mim escondidas estavam
sob a tua sombra, Senhor, na qual eu me aquietava.

Mas porque vi o teu amor puro, simples, limpo e abrasado, com as suas operações,
permaneci fora de mim mesma nela afogada, e todos os outros amores
mais que próprios me são assemelhados.

Por fim, ó divino amor, o que poderei de ti dizer?
Eu estou superada e por ti vencida:
sinto-me morrer de amor, e não sinto amor;
encontro-me afogada no amor, e não conheço o amor;
sinto este amor agir em mim, e não entendo sua ação;
sinto queimar o meu coração de amor, e não vejo o fogo do amor.

10. O que é esse amor que tudo vence?

Ó meu Senhor, não posso parar de buscar um sinal deste amor;
e embora da nova luz que me mostraste, seja em tudo vencida,
ainda não estou desesperada por saber mais sobre este amor,
no qual cada coisa desejável no céu e na terra se contém,
onde o homem se satisfaz e nunca se sacia,
pelo contrário, sempre lhe faz aumentar a fome.

É tão suave e ameno este amor puro e simples, e ao coração do homem
tão apropriado que qualquer um que dele degustasse uma só centelha,
não deixaria de segui-lo, mesmo que tivesse de deixar mil vezes a vida corporal.
O que é esse amor que tudo vence?

Tu, Senhor, me disseste muitas coisas, mas me parecem sempre menos:
e já que me dás o instinto aceso de buscá-lo sempre mais,
não acreditarei que isso seja em vão.

Prometeste-me me dar alguma satisfação, a qual ainda não tive.
Mostraste-me uma centelha daquele teu amor puro e simples,
que tal fogo me acende no coração, que me consome,
nem encontro lugar de descanso na terra,
nem posso ver mais nada, nem sentir.

11. Ó beatífico alimento!

Ó nutrição sem sabor, ó sabor sem gosto,
ó gosto sem alimento, ó alimento de amor,
do qual os Anjos, os Santos e os homens são apascentados!

Ó beatífico alimento!
Quem te degusta, não sabe quão bem se está.
Ó verdadeiro alimento que sacia o nosso apetite!
Tu extingues todos os outros apetites.

Aquele que degusta deste alimento se julga
   bem-aventurado
estando ainda nesta vida, na qual Deus nunca mostra,
a não ser uma pequena gota,
porque se deste demonstrasse um pouco mais,
o homem morreria naquele amor tão sutil e penetrante,
e o espírito tanto dele se acenderia,
que o fraco corpo acabaria consumado.

Ó amor celeste! Ó amor divino!
Fechaste-me a boca:
eu não sei nem posso mais falar,
nem quero buscar o que não se pode encontrar,
e permaneço vencida e superada.

(Santa Catarina de Gênova)

12. Incêndio de amor!

Amor, Amor! Ó Amor,
que não és nem amado nem conhecido!
Amor, doa-te a todas as criaturas, Amor!

Se não encontras onde repousar,
vem todo em mim que eu te acolherei bem.

Ó alma criada de amor e por amor,
por que não amais o Amor?
E quem é o Amor senão Deus, e Deus é o Amor?

Deus é amor, e este mesmo é o meu Esposo e o meu amor.
Este meu Amor não é amado nem conhecido.

Ó Amor, Tu me fazes derreter e me consumir.
Tu me fazes morrer e ainda vivo.

Amor, me fazes sentir grande dor, a tal ponto que o corpo,
também ele, dele participa, fazendo-me conhecer
quão pouco és conhecido.

(Santa Maria Madalena de Pazzi)

13. Quando te amarão como mereces?

Ó meu Senhor! Quando todos te amarão como mereces?
Até quando hás de suportar que não te respeitem
e os pecadores te irritem?

Quem poderia fazer que todos soubessem quão digno tu
  és de ser amado,
e finalmente compreendessem que mereces ser desejado
  por quem Tu és,
e não pelo temor servil das penas, ou pelo interesse dos
  prêmios!?

Eia, Senhor, faze, faze que te amem como é justo.
Puxa (a flecha) da aljava, vibra por toda parte
setas acesas em teu puríssimo amor,
e brotem nos corações labaredas e incêndios.

Que todos, Senhor, te sirvam e se sujeitem a tuas suaves
  violências de caridade,
e destilem em tua honra, aromáticos bálsamos de
  piedosos afetos.

A Tu, amabilíssimo Jesus, se ofereçam esses aromas;
a Tu, que estás tão abrasado,
e a quem possui tão inquieto o imenso amor pelos homens.

14. Quero-vos amar

Meu Senhor Jesus Cristo,
Deus e homem verdadeiro, meu Criador e Redentor.
Arrependo-me de vos ter ofendido, por ser Vós quem sois,
e porque vos amo sobre todas as coisas.

Meu Deus e verdadeiro esposo de minha alma, alegria do
  meu coração,
eu vos quero amar, benigníssimo Jesus, com aquele
  perfeitíssimo,
eficacíssimo, inefabilíssimo, intensíssimo,
  incompreensível, insuperável,
invencível amor, com que todos os corações do Céu vos amam,
e queria vos amar cada vez mais.

Deus de meu coração e de minha vida, queria vos amar,
minha tão grande dádiva, como a vossa santíssima Mãe
e minha Senhora Virgem puríssima vos ama.

E queria vos amar, salvação e alegria minha e de minha
  alma,
tanto como vós, meu Deus, vos amais.

Abrasa-me, incendeia-me, consuma-me
no fogo de vosso divino amor, benigníssimo Jesus.

(Santa Rosa de Lima)

9. Sim, minha vida é vossa

Sim, minha vida é vossa,
divina luz que jamais sois encoberta por nuvem alguma;

minha vida está em vós,
pureza eterna que não sois contaminada por mancha alguma;

meu amor está em vós,
chama ardente da infinita caridade!

Vinde, divino Esposo, meu amor e minha vida!

(Venerável Margarida do Santíssimo Sacramento)

10. Oh, como Vós sois cioso!

Ó divino Amor!
Vós sois o amante que amais na alma
que Vós feris com vosso amor,
sendo a mesma coisa com esse amor.
E esse amante, ainda que Ele seja amor,
Ele só pode dizer que ama,
sendo totalmente transformado nesse amor.

Ó meu divino amante!
Vós sois muito cioso de vosso próprio amor.
Vós só aceitais o que dele está gratificado,
contanto que se lembre que Vós o amais,
e que Vós o cumulais de dádivas.
Sua satisfação e sua glória consistem
no amor que Vós tendes por Vós mesmo.

Ó verdade adorável, ápice de amor!
Ó centro de toda felicidade,
que vossas flechas sejam penetrantes!

Oh, como Vós sois cioso!
Mas justamente cioso e de Vós mesmo,
sendo todo amor,
e da alma que vos agrada por vos amar,
e que Vós feris do mesmo ciúme!

Oh, porque tudo o que é menos que esse amor
lhe é insuportável!
Eis porque esse amor tão puro a chama
para um retiro e solidão
que não se pode imaginar,
e lhe diz incessantemente,
"VEM AO DESERTO comigo, onde estou sozinho:
e embora Vós possais achar que isso seria dos Anjos,
fujais deles: eu sou cioso".

b) Ah, divino Amor!

Ah, divino amor!
Vosso ciúme estende-se além até dos Anjos;
e existem coisas que são infinitamente mais do que os Anjos
a quem Vós não tolerais que a elas se prenda,
nem mesmo que se lance alguma olhadela!

Ó divino amante do meu coração!
Onde está esta solidão para onde me chamais?
Embora eu esteja sozinha, e que eu tenha abandonado
todo tipo de consolações, e que elas me sejam mesmo
  insuportáveis

– quer boas e santas sejam elas –,
Vós sempre sois cioso, e vosso amor ainda não está satisfeito;

vosso ciúme aumenta cada vez mais, e ele me pressiona
 tão forte,
que eu não sei a qual deles me agarrar.

Vós expulsastes tudo o que não era Vós mesmo,
e todos os meus ossos respiram apenas a solidão e
 a separação
de tudo isso que Vós quereis que eu esteja separada,
que são coisas que não se podem expressar,
e que só seriam muito condenáveis,
se pudessem ser ditas.

Porque é impossível de se imaginar como Vós sois delicado,
ó divino amor, e até que ponto sois ciumento!

c) Vosso amor me feriu

Vosso amor me feriu com um ciúme recíproco,
que me faz desfalecer,
e qualquer coisa que ele me faça abandonar,
ainda que fosse a Vós mesmo, isso não é nada;
existe apenas vosso Amor puro por Vós mesmo
que é tudo para mim,
e, apesar disso, Vós ainda não estais satisfeito!

Vós sempre me chamais ao retiro e à separação.
Vosso amor feriu a minha alma com uma ferida
que só pode sarar separando-a deste corpo mortal.
É por esta solidão que ela geme;
é para este retiro que vosso amor sempre a atrai.

Mas ela não pode expressar como Vós, Vós sois contrariador,
já que Vós a atraís tão fortemente,
que ela já não pode mais permanecer neste corpo;
e que com uma mão oculta Vós a retendes,
não querendo lhe dar ainda permissão (de partir)?

Oh, sois Vós, divino Amor,
que lhe dais o instinto tão impetuoso de vos seguir
nesta solidão de amor eterno, de modo que
um pequeno instante de demora é para ela
um grande purgatório!

(Madame Guyon)

11. Ó doce fogo!

Tu ardes, Senhor, e eu queimo.
Ó dor, ó amor imensamente feliz!
Ó doce fogo, ó doces chamas!
Não queres transformar meu coração em chama?
Ah, já encontrei a chama que há de convertê-lo em cinza!
Aparta-te, porque não consigo ocultar em meu peito
  tanto fogo.
Mas que digo? Não, meu Jesus, não te apartes;
vem, eu te abrirei meu peito,
para que introduzas nele teu fogo divino.
Tu és a chama em que desejo que meu coração se abrase.

(Santa Gema Galgani)

IX. A importância e a essência da oração

1. Cristo recebe cada uma de nossas orações[8]

Rezar é uma particularidade genuína, compassiva e duradoura da alma, uma parte de quem somos como seres humanos, um atributo que nos une ao Nosso Senhor através da ação suave e oculta do Espírito Santo.

No meu entendimento, Cristo recebe cada uma de nossas orações com benevolência e júbilo. Então Ele as eleva ao Céu e as guarda como um Tesouro, que jamais irá perecer. Nossas preces, expressas diante de Deus e de todos os Santos, são sempre aceitas e eternamente respondidas, de modo que nossas necessidades se tornam uma fonte de felicidade para nós. Ao alcançarem o Céu, nossas orações nos serão devolvidas, nos deliciando enquanto agradecemos a Deus com louvores sem fim.

Com grande contentamento e felicidade, Deus se debruça sobre nossas preces, e as cultiva, e as usa para mudar nossas vidas, porque através da ação da sua Divina graça, nos tornamos semelhantes a Ele como o somos em sua imagem.

---

8. *Revelações do Amor Divino*. Petrópolis: Vozes, 2018. Tradução de Maria Elizabeth Hallak Neilson.

2. Até que tenhamos Jesus

É por este motivo que o Redentor nos instrui: "Ora intimamente, ainda que tu não sintas emoção nenhuma ao fazê-lo, ainda que tu não sintas nada. Sim! Ora, ainda que aches que nada poderás alcançar, porque mesmo na insensibilidade e na aridez, mesmo na fraqueza e na doença, tua prece sempre me apraz, ainda que tu encontres pouca alegria ao rezar. E então toda a tua vida é uma oração perante os meus olhos".

Por causa da recompensa e do auxílio eterno que almeja nos oferecer, Deus nos urge orar continuamente. Ele aceita as boas intenções e os esforços de seus servos, a despeito de como nos sintamos. Esta é a razão de agradarmos a Trindade Santa quando nos empenhamos, com todas as fibras de nosso ser, a viver uma vida de oração e de união com o Divino.

Então, com a ajuda e a graça de Deus, conservamos todas as nossas habilidades, a nossa atitude mental e as nossas percepções voltadas para Deus até que alcancemos o que buscamos, até que nossa alegria seja completa, até que tenhamos Jesus.

(Beata Juliana de Norwich)

3. Exercitai-vos na santa oração!

Em nome de Cristo crucificado e da vossa doce Mãe.

Caríssima e diletíssima em Cristo. Ouvide Francisco[9] que Ele vos deu o Ofício de Nossa Senhora. Muito me agrada que saibais ler, e peço-vos que o utilizeis. Por isso os san-

---
9. Esposo de Margarida a quem é dirigida a carta.

tos não se cansam de fazer os livros, para que neles nós refletíssemos e nos adornássemos de virtudes, e tirássemos de nós as manchas dos pecados que contaminam a alma.

Ó caríssima, exercitai-vos na santa oração: aprendei a conhecer a vossa miséria, para que vos humilheis; e a bondade de Deus, a fim de que o ameis.

Oh, quão grande é isto para estimular a alma ao amor: ver-se tão amada por aquela bondade que por amor nos criou a sua imagem e semelhança, e assim nos resgatou, caríssima! E Ele se dá a nós em alimento, e tem prazer em morar na alma humilde e vazia do amor terreno, e que é desejosa dele, bem eterno e coroa dos santos.

4. Duplicai a oração

Ó santos benditos, como conhecestes este bem, no qual encontrastes em tribulação, consolação; e no pranto, alegria; no cansaço, repouso; na pobreza, suma riqueza; e na morte encontro a vida. Bem disse o apóstolo: "desejo ser desatado do corpo para estar com Cristo". E o bem-aventurado Santo André bradava à Cruz: "Ó boa Cruz, tomai-me (como) discípulo, e entregai-me ao meu mestre Cristo".

Visto que sabes ler, apascentai-vos nestes santos alimentos, e particularmente na virtude da santa caridade, e convidai o vosso companheiro para a sua salvação em viver virtuosamente e em socorrer os pobres necessitados, e não tenhais excessiva preocupação que a alma seja privada do seu alimento.

Se nós dermos à alma o seu dever, o corpo juntamente com ela ara glória sem fim. Neste santo Advento, duplicai a oração, e confessai-vos frequentemente. Oxalá que na santa Páscoa tomeis este pequeno grande Verbo encarnado na santa comunhão. E rezai por nós, e nós voluntariamente rezamos por Vós. Confortai-vos com Cristo".

(Beata Clara Gambacorti)

5. Meditação sobre a primeira frase do Pai-nosso (I)

Pai nosso que estais nos céus.

Oh, Senhor, como pareceis Pai de tal Filho, e como vosso Filho parece filho de tal Pai! Bendito sejais para sempre, eternamente! Não está ao final da oração, Senhor, esta graça tão grande. Já ao começar nos encheis as mãos e nos fazeis tão grande graça, que seria muito bom encher o entendimento e ter a vontade ocupada para que não pudéssemos pronunciar palavra.

Oh, que bem caberia aqui, filhas, a contemplação perfeita! Oh, com quanta razão entraria a alma em si mesma para poder melhor se levantar para entender o que é esse lugar onde o Filho diz que está o Pai, que é nos céus! Saiamos da terra, minhas filhas, porque uma graça como esta, depois de ter entendido quão grande é, não podemos estimá-la tão pouco como se ficássemos na terra.

Oh, Filho de Deus e Senhor meu! Como dais tanto e tudo ao mesmo tempo à primeira palavra? Vos humilhais extremamente se juntando a nós no que pedis, e aceitais ser irmão de coisa tão vil e miserável?

6. Meditação sobre a primeira frase do Pai-nosso (II)

Se voltamos ao Pai como o filho pródigo, nos perdoará, nos consolará como faz um tal Pai que por força é melhor do que todos os pais do mundo, porque nele não pode existir senão todo o bem. Ele nos presenteará, nos sustentará – tem como – e depois nos fará participantes e herdeiros de seus bens com Vós.

Senhor meu, com o amor que nos tendes e com vossa humildade, nada vos antecipa; porque, Senhor, estais na terra e vestido dela, e tendes nossa natureza, o que parece que vos compromete a fazer-nos o bem.

Mas vede, Senhor, que vosso Pai está no céu, e é justo, Senhor, que cuideis de sua honra. Já que vos oferecestes a ser desonrado por nós, deixai a vosso Pai livre; não o obrigueis a tanto por gente tão ruim como eu, que lhe será tão mal-agradecida, como também há outras que não sabem agradecer como convém.

Oh, bom Jesus, demonstrastes claramente que sois uma só coisa com Ele, e que vossa vontade é a dele e a dele vossa! Que confissão tão clara, Senhor meu! Quão grande é o amor que tendes por nós!

(Santa Teresa de Jesus)

7. A oração é um dom de Deus

A oração é um dom de Deus que seu Espírito divino dá a quem lhe apraz, quando lhe apraz, e na maneira que lhe apraz. É o que a Escritura nos diz: "o Espírito sopra onde quer" (Jo 3,8)... Portanto, a oração é uma operação do Espírito de Deus em nossas almas, e é por isso que nós devemos mais nos abandonar a Ele do que agir por nossa habilidade. E, por outro lado, sendo a oração, como dizem todos os padres, uma elevação da alma acima dela mesma e de todas as coisas criadas para se unir a Deus, é necessário que Ele mesmo nos eleve nele através dele mesmo.

A esposa sagrada confessa neste sentido sua impotência, pedindo a seu Esposo: "arrasta-me contigo" (Ct 1,3), porque por mim mesma não posso me elevar. O que nós também tomamos com muita segurança da sabedoria divina, a palavra essencial do Pai eterno, Jesus Cristo o Salvador e Mestre das nossas almas, o qual nos diz: "Ninguém pode vir a mim, se meu Pai não o atrair" (Jo 6,44).

8. Sua Cruz é nosso soberano bem

Pertence a Deus nos manifestar os mistérios escondidos da vida, morte e sofrimentos de seu Filho, e somente através dele nos são revelados na oração, os caminhos da verdade que nos faz seguir para chegar a Ele. O espírito da natureza corrompida não nos leva a este seguimento; é necessário que a mão do altíssimo nos tire disso, nos esclarecendo com luzes sobrenaturais e colocando em nossos corações afeições totalmente contrárias a nós mesmas.

E estas são as operações que Deus faz em nós na oração, fazendo-nos ver e amar o bem que nossa natureza corrompida faz na imitação de Jesus Cristo humilhado, aniquilado e sofrendo por nós. Ela nos ensina que sua Cruz é nosso soberano bem, não só porque ela foi o meio de nossa salvação, mas também porque ela é o caminho de perfeição pela qual nos unimos nos caminhos para a vida de Deus, que quis assumir uma vida capaz de sofrimentos, para honrar seu Pai eterno, satisfazer a justiça e nos testemunhar seu amor.

(Margarida Vény d'Arbouze)

X. Contemplação divina

1. Contempla

Repousa tua mente sobre o espelho da eternidade;
repousa tua alma no esplendor da glória;
repousa teu coração na figura da substância divina
e transforma-te, toda inteira, pela contemplação,
na imagem de sua divindade;

para que tu também sintas o que sentem os amigos
quando degustam a doçura abscôndita que Deus em si tem,
desde o princípio, reservado a seus amantes.

E deixando totalmente de lado todos àqueles que,
no mundo enganador e instável seduzem seus amantes cegos,
ama àquele que, por teu amor, doou-se por inteiro,
cuja beleza o sol e a lua admiram, cujas recompensas,
seus prêmios e sua grandeza não têm fim.

Falo do Filho do Altíssimo que a Virgem deu à luz,
e após o parto permaneceu virgem.

Une-te a sua doce mãe que deu à luz tal Filho
que os céus não podiam conter, e ela, apesar disso,
o acolheu no pequeno claustro de seu ventre santo
e o trouxe no seu regaço de menina.

2. Felizes os convidados

Feliz certamente aquela a quem é dado desfrutar
deste banquete sagrado (Lc 14,15; Ap 19,9),
para se fixar, com todas as fibras do seu coração,
naquele cuja beleza admiram sem cessar
todos os bem-aventurados exércitos celestiais;

cuja afeição comove, cuja contemplação refaz,
cuja benevolência sacia, cuja suavidade cumula,
cuja memória brilha suavemente.

A seu perfume os mortos reviverão,
sua visão gloriosa tornará bem-aventurados
todos os cidadãos da Jerusalém celeste,
porque Ele é o esplendor da glória eterna,
o reflexo da luz eterna e o espelho sem mancha.

Olha diariamente este espelho, ó rainha,
esposa de Jesus Cristo.

(Santa Clara de Assis)

3. Ó santa cidade de Sião, quando entrarei por tuas portas?

Ó santa cidade de Sião, quando entrarei por tuas portas?
Ó mansão de paz, quando te possuirei?
Ó luz sem noite, quando me iluminarás?

Ó Tabernáculo Santo, onde não há morte, nem pranto,
nem gritos, nem angústia, nem dor, nem culpa;
onde é saciado o faminto, refrigerado o sedento,
e se realiza todo desejo!

Ó cidade santa de Jerusalém, que és um vidro puríssimo!
Teus fundamentos adornados de pedras preciosas:

não necessitas de luz, porque a claridade de Deus te ilumina,
e tua candeia é o Cordeiro.

Casa santa do Deus de Sião, não entrará em ti algo
  manchado,
porque hás de permanecer em pureza e santidade para
  sempre.
Quando entrarei em tua posse?

4. Quando vos verei, bondade infinita?

Que o Todo-poderoso me lave e purifique,
para que eu sempre goze das florestas
sempre amenas e deleitáveis.

Quando verei a causa principal de vossa glória?
Quando verei a meu Pai, a meu Amigo, meu Esposo,
meu Pastor, meu Senhor, minha alegria,
meu único objeto de afeto?

Meu dulcíssimo amor,
levai-me atrás da fragrância de vossos perfumes:
ensinai-me onde tendes a sesta ao meio-dia,
e dia sem noite.

Meu Pai, lançai-me a estola da imortalidade;
apertem-me vossos braços,
e goze de vossa vista sempiterna.

Quando vos verei, bondade infinita?
Quando vos possuirei, glória minha?
Quando vos manifestareis a mim, minha beleza,
meu Esposo, causa de todas as delícias?

Quando me dareis o ósculo de vossa boca,
para que fique unida com o abraço eterno
de vossa divindade?

Meu dulcíssimo e suavíssimo amor,
chegue meu afeto a seu fim último;
fale meu coração e cale minha língua,
que não sabe dizer o que quer;
e ninguém me acorde, até que eu queira.

Deixai-me, filhas de Jerusalém,
com o Esposo.
Amém.

(Venerável Maria de Jesus de Ágreda)

5. Ó meu dulcíssimo Deus

Ó meu dulcíssimo Deus,
quando te dignas visitar o meu coração,
não posso conter meus braços
de abraçar meu peito,
por causa da divina doçura
da caridade que eu sinto
em meu coração.

Parece-me que estás tão impresso
e colado à minha alma,
que Tu és o seu coração,
a sua medula e todos as suas entranhas,

de maneira que Tu me és mais precioso
do que minha alma com meu corpo.

Ficaria feliz se fizesse algo que seja do teu agrado.
Portanto, amadíssimo Senhor, auxiliai-me,
para que tudo o que eu fizer
se converta para tua honra.
Amém.

(Santa Brígida da Suécia)

6. Estou em mim como se não estivesse

Agora tenho frequentemente grandes sofrimentos interiores, faz dois ou três anos, e tão grandes que se eu não tivesse conhecido e provado a bondade do Senhor, poderia perder a confiança; mas esta graça Ele me deixou, porque por mais atormentada que esteja, estou resignada à sua vontade. Assim, após a inclinação de desgosto que trazia antes daquele excesso de amor que falei, repentinamente veio à alma um tipo de nevoeiro que era mais escuro do que a noite mais escura que pode existir à visão exterior.

Este é interior, e é acompanhado de um poder que, embora escuro e tão angustiante que tremam às vezes os cabelos, a alma o abraça e lhe manifesta um prazer e resignação excepcional, e com isso ele se insere na alma, o que é semelhante a morrer e a vida acaba, e não o quer deixar mesmo que pudesse, mas (prefere) morrer se a Deus lhe agrada, mais que resistir. E não sei como é que as paixões e potências me ocupam de tal forma que, estou em mim como se não estivesse.

7. Tudo está em silêncio e a alma em liberdade

Tudo está em silêncio e a alma em liberdade, sem saber de onde, porque o sofrimento é tão interior que parece que me encontro em região desconhecida, que não se vê nem se ouve algo que espaireça, mas tudo é escuro e a alma está em tal aflição como se estivesse em uma prensa.

O único consolo é que a alma não está instável como em outras coisas e modos de oração, e está firme em não se entreter com coisas que podem lhe causar perturbação, e morrer e terminar a vida lhe seria descanso; mas isto não o pede nem o deseja, nem existe algum movimento desejando outra coisa além de estar resignada e revelar a Deus àquela desolação que teve de todas as coisas neste mundo, em particular no tempo de sua sagrada Paixão.

8. Que eu seja toda consumida!

"Este sentimento é tão delicado, e a luz com a qual o revela a mim, que não se pode falar nem meditar como ele é, se sua Majestade não o manifestar. E quando este sentimento diminui, me vem outro não menos sensível e grandioso que é degustar as imensas dores que (Jesus) padeceu em todas as suas chagas até que entregou a vida naquele desamparo.

Mas a alma mostra que aquilo que o matou foi o amor; e chegando a este sentimento não o posso suportar e ela sai de si a seu encontro, dizendo: "Senhor, raptai o meu coração, desejo consumir-me, e que isso não aconteça se não for mister que, consumindo-me, sejas cada vez mais admirável em todas as criaturas, e que vos conheçam e eu permaneça toda consumida e absorvida em Vós".

Esta forma de amor e sentimento não a posso descrever, que a alma se consuma na presença de Deus e como se o fizesse necessário diz: "Sejais Vós, Senhor; e que eu seja toda consumida".

(Beata Ana de São Bartolomeu)

9. Deus é uma luz sem figura

Deus é uma luz sem figura, sem medida, incompreensível e que,
apesar disso, abraça todas as coisas.

Uma luz sutil, estável, limpíssima, com suma unidade e multiplicidade,
sumamente distante e sumamente próxima, íntima e a tudo envolve;

nobre, excelsa, e que nem de muito longe
pode comparar-se a qualquer das criaturas;

e que se conhece melhor nesta vida mortal por meio
dos admiráveis e imediatos efeitos com que se comunica às almas,
do que em sua própria substância.

(Santa Rosa de Lima)

10. Os 4 degraus da união da alma com Deus (I)

Nosso Senhor deu a conhecer à Irmã Maria que há quatro degraus de união da alma cristã com Deus. O primeiro se chama "comunhão", o segundo "união", o terceiro "transformação", e o quarto "deificação".

O primeiro é daqueles que estão ora em graça, ora em pecado. Estes são os servos que vão e vêm, ou seja, que abandonam seu senhor após tê-lo servido um tempo, mas tendo voltado, retornam para lá novamente e permanecem sempre assim, nesta inconstância. Isso não se chama união, mas semelhante a união, quase-união.

O segundo chama-se "união", e é daqueles que estão em graça e que não retornam ao pecado; são representados pelos servos que se entregam a seu senhor para sempre, mas para servi-lo como ministros comuns e ordinários.

11. Os 4 degraus da união da alma com Deus (II)

O terceiro que se nomeia "transformação" é para os mais adiantados, é para os criados do rei que se aproximam mais de sua pessoa e que participam da dignidade real representada pela água misturada com o vinho, a qual participa muito das propriedades do vinho, mas que ainda não é totalmente transformada em vinho; ela não pode mais se separar dele.

O quarto que se nomeia "deificação" é para as almas perfeitas. Ela está representada pela conversão total da água em vinho. Ela é o leito que não se pode ocupar mais do que um; estas são as esposas do rei que *vão* para a sua cama real e que são apenas um com Ele: "quem se une ao Senhor torna-se com Ele um só espírito" (1Cor 6,17). Na "transformação" a alma ainda não é aniquilada, ela ainda se encontra nela. Na "deificação" tudo é aniquilado; existe somente Deus.

(Relato das experiências místicas de Maria des Vallées
por São João Eudes)

12. A contemplação desta pessoa única: Deus-Homem

A contemplação desta pessoa única, Deus-Homem, parecia me atrair docemente e me elevar toda em espírito. Mas, como poderia eu exprimir de que forma eminente a divinda*de* irradiava nesta humanidade, que ela tornava gloriosa; ou como eu vi estas duas naturezas tão maravilhosamente unidas? É-me impossível.

Em primeiro lugar, eu deveria poder dizer o que é a divindade, ou como ela se manifesta à minha alma. E isso, eu não posso fazê-lo de forma alguma, mesmo aproximadamente. Tudo o que eu poderia qualificar com um nome já não seria mais isso na verdade. A realidade ainda seria infinitamente acima das palavras.

Tudo o que pode conceber minha medíocre inteligência, me faria dizer que a Divindade seria justamente chamada: uma luz inacessível, um sol, uma claridade inexprimível, uma beleza supereminente contendo todas as belezas; um Deus que impregna tudo o que existe e as conserva na existência, e que sozinho basta para saciar uma alma.

13. Um amor terno e respeitoso pela santa humanidade do Cristo

Eis que me vem uma comparação grosseira para explicar-me tanto quanto eu posso: A humanidade gloriosa do Cristo se encontrava impregnada, esclarecida, unida a toda radiante divindade, como um globo de cristal que o sol atravessa com seus raios. O globo parece transformado em sol. Ele mostra nada mais conter do que o sol.

Depois disso, eu percebi melhor qual é o estado dos corpos gloriosos dos eleitos no céu. Mas as especulações da inteligência natural não são de nenhum auxílio aqui, e só a luz divina pode nos ajudar.

E agora eu sinto crescer em mim um amor terno e respeitoso pela santa humanidade do Cristo, sendo que ela está pessoalmente unida à divindade. Seria impossível para mim ficar somente ocupada com a Humanidade. Doravante eu deveria contemplar, com um simples olhar as duas naturezas reunidas em uma só Pessoa, que é o instrumento de nossa redenção.

14. O claro espelho onde a divindade se mostra

Ai! Onde, pois, me encontro eu, atrasada há tanto tempo, longe de um conhecimento real desta verdade? Ai, meu Bem-amado! Por que Vós sois Vós há tanto tempo escondido à minha vista? Como se eu fosse estranha à vossa humanidade gloriosa! É como se eu não a conhecesse! Eu não reparava nela, como se este pensamento não me valesse de nada; como se ele estivesse sem utilidade para uma vida contemplativa e unitiva elevada!

Ai! Por que estou há tanto tempo privada de tal tesouro, desta mais do que amável contemplação, deste claro espelho onde a divindade se mostra ainda com mais clareza à alma?

Naquela época, quando eu contemplava vossa santa humanidade, eu não descobria nada de especial, eu não via os mistérios que se escondem nela. Eu não a penetrava a fundo. Realmente, quando eu penso hoje nesta cegueira e nos meus erros, eu estaria perto de chorar com Santa Teresa que, também ela, confessa ter-se enganado nesta matéria.

(Maria de Santa Teresa – Petyt)

15. Escutar Deus no silêncio

Ó Vós, encantadora voz, que falais em minha alma,
que vos fazeis ouvir secretamente a meu coração!

Vosso falar é uma doce calma
sem discurso, mesmo sem favor.

Vós conservais falando um amoroso silêncio,
que o faz discernir bem mais do que os discursos:
que este silêncio tem de eloquência
para imprimir-nos vossos amores!

Vós falais a meu coração, e meu coração fala ao doutro:
que quer vos escutar, o faz, mas na paz;
esta paz da qual o apóstolo fala,
sobrepuja os sentidos mais perfeitos.

Esta muda voz quer uma alma muda;
que tudo se cale em nós para deixá-la agir:
esta é a alma que Deus deseja
para se esboçar nela com prazer.

Mas nossa atividade se opondo a esta calma,
detém ao mesmo tempo a ação do meu Deus:
esta é a passividade da alma,
e a paz que lhe dá lugar.

Mas nosso espírito enganado por uma falsa aparência,
quer mover-se sempre para a atrair a si:
ele perde com sua vã prudência
o que teria adquirido pela fé.

16. Escutar Deus no silêncio (II)

Assim que (o espírito) percebe o operar da graça,
persuadido que é necessário sempre sentir,
inquietando este belo espelho,
ele nada faz além de o embaciar.

A alma tranquila, assim como um espelho puríssimo,
recebe facilmente a imagem do Senhor:
a precipitação da natureza
a impede de se refletir no coração.

Busca-se constantemente, quer-se segurança;
e com isso se destrói o perfeito abandono:
em vez da paciência
se tem o Doador e o dom.

Por querer ter demais, se perde o que se possui:
conhecer, ver, sentir são contrários à fé:
o Todo-poderoso quer que a Ele cedamos;
Ele quer comandar como um grande Rei.

Comandai e reinai; que para sempre vosso Império
se faça respeitar neste grande Universo:
é para isso que eu suspiro
e que consagro meus versos.

(Madame Guyon)

17. Que altura de caridade há em Deus!

Que altura de caridade há em Deus,
que largura de amor se encontra em Deus,
que comprimento de puro afeto em Deus,
que profundidade de dileção se vê em Deus!

Mas parece-me que, se todos os corações angélicos
em uníssono buscassem encontrar o final,
e o valor deste amor divino, nada encontrariam;

e se lhes parecesse que chegaram
a alguma compreensão perfeita, o que restaria

às mesmas criaturas apreender, ainda seria infinito.
Felizes, pois, e aventuradas sois vós,
almas santas do Paraíso,
que no coração possuis um tesouro,

porque se todos os anjos do céu quisessem descrever-nos,
como disse acima, o valor desse, depois de ter considerado
os seus méritos um milhão de anos, ao final, em duas palavras,
vós abateríeis a sua eloquência dizendo:

tudo o que vós afirmastes do valor do meu tesouro,
é tão distante da verdade, quanto o "nada" do "tudo".

18. Meu Deus ignoto

Por isso, tudo o que dissestes do divino amor,
"eis aqui, isto é uma parte dos seus caminhos,
e se apenas ouvimos uma pequena gota do que dele se
   pode dizer,
quem poderá compreender o trovão da sua grandeza"
(Jó 26,14)?

E aqui, sendo-me concedido mais do que nunca aberto o
   caminho
no mar por uma luz inextinguível do meu Deus ignoto,
como de fortíssimo íman me sinto seduzida;

onde num instante e por privilégio me encontrei elevada
   como na glória,
e não só fui assistida pelos meus santos apóstolos Pedro e Paulo,
mas de todos os meus anjos e santos tutelares,
e de todos aqueles serafins que, no predito Monte Virgí-
   neo encontrava.

Ademais, me encontrei continuamente com singular luz
   purificada,
iluminada e aperfeiçoada, e no mesmo lugar chegada fui
   conduzida
por todas as ordens de santos e por todos os coros dos anjos,
antes que o meu espírito se visse raptado diante do trono
da Santíssima Trindade.

19. A exorbitante inacessibilidade divina!

Aquilo que me ocorre de proveito é que, imediatamente
me encontro abordada por raios de uma nova luz excessiva,
que de um elevado serafim vem à minha alma
   comunicada,
por meio da qual recebo redobrados conhecimentos sobre
a "Inacessibilidade Divina" de Deus;

e permaneço atônita e perdida naquele abismo de luz,
vendo que Sua Divina Majestade é inefavelmente superior
a todo nome, a toda inteligência, e a toda criada apreensão.
Calando, pois, o meu atônito e abismado intelecto,
a vontade tanto mais ama, quanto mais está unificado
o operar d'alma e do divino amor nela; e tanto mais goza
da essencial grandeza e glória do seu altíssimo objeto,
quanto mais do seu Deus é ultrapassada toda visão e conceito
do seu humilhado entendimento.

Ó Pai[10], queria explicar-me de qual maneira o intelecto
   vem aqui
aperfeiçoado pela verdade que experimenta, ou seja,

---
10. A mística relatou estas "Relações" com a divindade para o seu confessor a quem chamava carinhosamente de pai.

da incompreensível invisibilidade de Deus,
da exorbitante inacessibilidade divina, a qual reluz quanto
    é mais pura,
sobrenatural e imensíssima, tanto mais é impossível do que
    possa ser
conhecida com evidência pelo intelecto ainda não glorificado.
Assim é. Assim é.

20. Ó meu Deus altíssimo

Portanto, como eu me via naquele ponto humilhada e quieta
(digo, a minha costumeira expressão), não sei contar nada,
e me encontro nesta simples apreensão não restringida,
mas dilatadíssima simplíssima da divindade incognoscível
    e inacessível,
da qual nem juízo nem discurso posso formar.

Contudo, mesmo no tempo a vontade arde intimamente
com uma chama secretíssima, tácita, e tanto mais ama
    o incógnito,
seu objeto infinito, quanto menos é distraído
dos curiosos discursos do intelecto;

e quanto mais se encontra imersa do amor puro
naquela ilimitada perfeição, que pela sua sublime
    soberanidade
nesta vida é toda incognoscível, mas é igualmente toda amável.

Ó meu Deus altíssimo, que intervalo infinito,
não há espaço ou distância de lugar, mas na verdade,
de natureza se percebe entre a criatura e Vós,
inacessível Criador;

somente Vós sois verdadeiramente excelso e sublime,
sois um sumo tudo, e um sumo tudo infinito
e de uma majestade inexplicavelmente inefável.

(Clara Isabela Fornari de Todi)

21. Esta divina luz

Assim como, minhas queridas filhas, a lua natural que ilumina o mundo foi a primeira das obras da criação, da mesma forma a luz espiritual com a qual Deus nos ilumina, é a primeira entre todas as graças e, quando esta luz penetra no interior da alma, ela realiza o que a luz natural realiza no mundo físico: ela expulsa e dissipa completamente as trevas.

Esta divina luz foi aquela que brilhou para os Pastores e para os Reis Magos, guiando-os miraculosamente à gruta de Belém. Esta luz foi aquela que, com um esplendor prodigioso, resplandeceu aos olhos de São Paulo no caminho de Damasco; aquela que se revelou a Santo Agostinho no jardim de Tagaste; aquela também que iluminou São Francisco Xavier, quando ele ouviu Santo Inácio lhe recordar esta memorável sentença: "que adianta ao homem ganhar o mundo inteiro, se ele perder a sua alma"? Estes grandes santos sabiam aproveitar-se desta graça, e com o auxílio divino, caminhavam de luz em luz.

22. Que esta luz vos ilumine e sempre vos acompanhe

Sede fiéis, minhas queridas filhas, em seguir esta luz interior que Deus se digna conceder a cada uma de vós; que esta luz vos ilumine e sempre vos acompanhe.

Quanto maior for a vossa fidelidade à luz da graça, maior também será a paz deliciosa que vós desfrutareis, e que será vossa felicidade sobre a terra.

À claridade desta luz vós caminhareis com um passo firme nas veredas abençoadas do Senhor. Que se faça a luz, e nós nos manteremos, constantemente, na presença de Deus.

Quão maravilhosos são os efeitos da luz divina nas almas que a recebem com docilidade! O amor-próprio é exterminado, nosso espírito se purifica de suas imperfeições, e a alma não tem mais obstáculos para unir-se a Deus.

(Santa Maria Eufrásia Pelletier)

XI. Louvores e pedidos a Deus Pai e seu divino filho

1. Oferta total de si mesma[11]

Bendito seja em todas as coisas nosso doce e santíssimo Senhor Jesus Cristo, meu único amigo, que se digna receber de minhas mãos esta insignificante oferenda.

Por amor a Ele, e para me oferecer a Ele como sua serva, eu renunciei a nobreza de meu nascimento, desprezei minhas

---

11. Contexto da oração: a santa foi alertada por um protetor chamado Rodolfo que sua familiaridade com o confessor Pe. Conrado estava sendo objeto de fofocas e intrigas. Então, ela fez a oração acima.

riquezas e minhas posses, empalideci minha beleza e minha juventude; renunciei a meu pai, a meu país, a meus filhos, a todas as consolações da vida; por Ele me fiz mendiga. Apenas me reservei um único bem: minha honra e minha reputação de mulher. Mas eis que também isso Ele me pede, para isto eu me educo, e eu lhe dou de bom coração, já que Ele se digna aceitar como um sacrifício o de meu rico renome, e me torna agradável a seus olhos mediante a desonra.

Consinto a não mais viver senão como uma mulher desonrada. Mas, ó meu querido Salvador! Meus pobres filhos que ainda são inocentes, dignai-vos preservá-los de toda vergonha que poderia recair sobre eles por causa de mim.

(Santa Isabel da Hungria)

2. Bendito sejais Vós, ó meu Deus!

Bendito sejais Vós, ó meu Deus,
meu criador e redentor!

Vós sois a recompensa pela qual nós somos resgatados,
pela qual nós somos conduzidos e dirigidos a todas as
   coisas salutares;
pela qual nós somos unidos à Unidade e à Trindade.

Portanto, se eu tenho vergonha de minha feiura e
   deformidade,
contudo, me regozijo que Vós, que morrestes uma vez
   para nossa salvação,
não morreis mais, porque Vós sois aquele que existíeis
   antes dos séculos,
Vós que tendes o poder da vida e da morte.

Vós sois o único bom e justo;
somente Vós sois o todo-poderoso e tremendo.
Portanto, bendito sejais Vós eternamente!

(Santa Brígida da Suécia)

3. Ó Verdade eterna! (I)

Ó Verdade eterna! Qual teu ensinamento e qual o caminho que queres que percorramos para ir ao Pai? Não vejo outro a não ser o que Tu tens pavimentado com as verdadeiras e operantes virtudes do fogo da tua caridade.

Tu, Verbo eterno, o aplanastes com teu sangue. Este é o caminho. Nosso pecado não consiste em outra coisa senão em amar o que Tu odiaste e em odiar o que amaste.

Confesso, Deus eterno, que eu sempre amei o que Tu odeias e odiei o que Tu amas. Mas hoje clamo ante tua misericórdia para que siga tua Verdade com coração puro. Dá-me fogo e abismo de caridade; dá-me contínua fome de sofrer penas e tormentos por ti; dá a meus olhos, Pai eterno, fonte de lágrimas com as quais incline tua misericórdia sobre o mundo inteiro, e particularmente sobre tua Esposa.

4. Ó Verdade eterna! (II)

Ó inestimável e dulcíssima Caridade!

Este é o jardim fundado em teu sangue e regado com o sangue de teus mártires, que varonilmente correram após o odor de teu sangue. Sejas Tu, portanto, quem o guarde.

E quem poderá ir contra a cidade que Tu guardas? Abrasa nossos corações e submerge-os neste sangue para que melhor possam ter fome de tua honra e da salvação das almas.

Amém.

(Santa Catarina de Sena)

5. Ó Sabedoria eterna

Ó Sabedoria eterna, ó bondade infinita, verdade inefável, perscrutador dos corações, Deus eterno, faz compreender Tu que podes, sabes e queres!

Ó amoroso e degolado Cordeiro, Cristo crucificado, faz que se cumpra em nós o que disseste: 'Aquele que me segue não caminhará nas trevas, mas terá a luz da vida'.

Ó luz que não empalidece, da qual procede toda luz! Ó luz pela qual foi feita a luz, sem a qual tudo é treva, com a qual tudo é luz, ilumina, ilumina, ilumina e faz compreender tua vontade para todos os ajudantes e cooperadores que escolhestes para esta obra.

Jesus, Jesus amor, Jesus, transforma-nos e conforma-nos a ti. Sabedoria Incriada, Verbo eterno, doce verdade, amor tranquilo, Jesus, Jesus amor.

(Santa Maria Madalena de Pazzi)

6. Pedidos ao Pai Eterno

Ó Pai eterno e todo-poderoso, prostrada aos pés de vossa divina Majestade, confesso a minha miséria, que me constrange a reconhecer que eu sou a mais insignificante de todas as criaturas. Contudo, eu ouso me dirigir a Vós, apesar de minha desordem, apoiando minha confiança nos méritos e no sangue precioso que nos foi dado para nosso resgate. Se eu estou assaz feliz de estar na companhia dos bem-aventurados, eu continuarei, se Vós o permitis, a vos suplicar por esta comunidade... (Aqui a santa dirige os pedidos).

Eu creio que meu pedido é justo; se eu nos sou atendida, é porque eu não tenho as qualidades que eu devo ter. Mas eu vo-los peço pelo amor que Vós trouxestes aos homens, dando vosso Filho único para nos resgatar.

(Santa Margarida Bourgeoys)

7. Gostaria, meu Deus, de amar-vos com todo o meu coração

Ainda que não haveria nem céu, nem inferno,
nem purgatório, contudo, eu gostaria, meu Deus,
de amar-vos com todo o meu coração e acima de todas
as coisas.

(Beata Ana Catarina Emmerick)

8. Busco a Jesus e não o encontro!

Busco a Jesus e não o encontro;
parece que se cansou; não quer saber de mim!
E eu, aonde irei? Que será de mim?
Meu pobre Jesus, quantas faltas cometi!
Mas Tu permitirás que te encontre de novo, não é verdade?
Compadece-te, compadece-te e volta a mim, porque não
  aguento mais.
Longe de ti, não é possível viver.

(Santa Gema Galgani)

XII. Orações à Santíssima Trindade

1. A alma louva a Trindade Santíssima

Senhor Jesus Cristo, que em espírito saístes sem princípio do coração de vosso Pai eterno, e que nascestes de uma virgem pura, do corpo de santa Maria, Vós que sois com vosso Pai um só espírito, uma só vontade, uma só sabedoria, um só poder, uma só força superior acima de tudo o que foi algum dia sem fim.

Senhor, Pai eterno, visto que sou a mais indigna de todas as criaturas, eu também saí em espírito de vosso coração, e nasci, Senhor Jesus Cristo, corporalmente de vosso lado, e sou – ó Vós que sois Deus, ó Vós que sois Homem – unida a Vós por vosso Espírito a vocês dois, eu vos falo, totalmente pobre, toda aflita que estou, e vos digo:

Senhor, Pai celeste, Vós sois o meu coração! Senhor Jesus Cristo, Vós sois o meu corpo! Senhor Espírito Santo, vós sois meu sopro! Senhor Deus, santa Trindade, Vós sois meu único refúgio e meu eterno repouso.

(Santa Matilde de Magdeburgo)

2. Cristo amor, Cristo amor!

Ó Espírito Santo, vem ao meu coração!
Atrai-o a ti pelo teu poder, e dá-me caridade com temor.
Guarda-me, Cristo, de todo mau pensamento;
aquece-me e abrasa-me novamente com teu dulcíssimo
   amor;
que toda pena me pareça leve.
Meu santo Pai e meu doce Senhor,
auxilia-me agora em meu ministério.
Cristo amor, Cristo amor.
Amém.

(Santa Catarina de Sena)

3. Ó Divino Espírito!

Ó divino Espírito, protetor nosso, contempla com que amor, que és Tu mesmo, o eterno Pai nos deu o seu Verbo, que vinha ao mundo para padecer morte tão cruel a fim de salvar as nossas almas. E por isso, ó Espírito Amor, não queiras retirar-te de nós.

Contempla ainda nosso amorosíssimo Protetor a face do teu Cristo, digo, a humanidade do Verbo; contempla aquela face do teu Cristo tornada assim deformada pelas pancadas e penas, e pelas cusparadas ignominiosas; e depois que o divino Pai, com aquele amor imensurável e infinito, que és Tu mesmo, quis dá-lo a nós, ah, não te afastes por graça, ó Espírito Santo, da tua criatura.

4. Ó Divino Pai!

Ó divino Pai, protetor da tua criatura, contempla o teu unigênito Filho, que juntamente contigo é um mesmo

Deus, e por obediência a ti se fez homem. Portanto, Pai e protetor, contempla teu Filho Deus e homem todo chagado, e por isso te peço, que queiras nos perdoar.

Ainda, ó Pai eterno, contempla na face do teu Cristo, qual é a alma de cada criatura – tua por criação e sua por redenção –, tendo Ele com o próprio sangue e com a sua paixão e morte a restaurado. Sua ainda por semelhança, e especialmente do Batismo, e sua pelo desposamento que faz com esta em união de graça, pelos méritos do seu sangue derramado por Ele, com tanto amor; sua finalmente de vários e tantos modos.

Por isso, ó divino Pai, nosso protetor, não deixes perecer a tua alma, mas perdoa a esta por graça e misericórdia tua, e faz que jamais fique desamparada da tua divina graça. Amém.

(Santa Maria Madalena de Pazzi)

5. Ó adorável Trindade!

Ó adorável Trindade!, que por vossa comunicável bondade criastes nossas almas capazes de receber vossa imagem e vosso gozo, como nós vos amaremos? E deixando nossas misérias, como nos elevaremos a vossa soberana Deidade, pela pureza de coração que nós vos pedimos instantemente com confiança e humildade?

Ó adorável Trindade! Como podemos tolerar a nós mesmos em nossas míseras ocupações, tendo recebido um instinto apto a vos amar e adorar, e recebendo vossos divinos efeitos? Não vivendo mais da vida animal e terrestre: entregando, por uma fiel adesão, as nossas almas, capazes do poder da graça que é comunicada em todos os mistérios do Verbo Encarnado. Não passemos mais por alto o remorso de nossa consciência; mas a seguimos rigorosamente.

6. Vós trazeis a imagem da Trindade Santa

Que é isso que fazeis, ó alma humana, que vos ocupais cá na terra? Onde estão vossas grandezas? Vós trazeis a imagem da Trindade Santa, vossa fé deve ser tal; e o sentimento que vós tendes de Deus, que é o único soberano Senhor, não é aniquilado em vós.

Portanto, não mancheis vossa vida por desejos imperfeitos e baixos. Elevai-vos a vosso princípio, e adorai esta bondade comunicável que quer elevar vossa baixeza. Quão doce vos deve ser a violência sobre as vossas paixões, que vos reúne a esta adorável Trindade.

(Margarida do Santíssimo Sacramento – Acarie)

7. Trindade que adoro! (I)

Ó meu Deus, Trindade que adoro, ajudai-me a esquecer-me inteiramente de mim mesma, para estabelecer-me em Vós, imóvel e pacífica, como se minha alma já estivesse na eternidade. Que nada possa perturbar minha paz, nem me fazer sair de Vós, ó meu Imutável, mas que cada minuto me leve mais longe na profundeza de vosso Mistério.

Pacificai minha alma, fazei dela vosso céu, vossa morada preferida e o lugar de vosso repouso; que eu jamais aí vos deixe só, mas que esteja toda inteira, toda desperta em minha fé, toda adorante, toda entregue a vossa ação criadora.

Ó meu Cristo amado, crucificado por amor, eu quereria ser uma esposa para vosso coração; quereria vos cobrir de glória; quereria vos amar até morrer de amor! Mas eu sinto a minha impotência e peço-vos para me revestir de Vós mesmo, identificar minha alma a todos os movimentos da vossa Alma; de submergir-me, de invadir-me, de substituir-vos a mim, para que minha vida não seja senão uma irradiação da vossa Vida.

Vinde a mim como Adorador, Reparador e Salvador.

8. Trindade que adoro! (II)

Ó Verbo eterno, Palavra de meu Deus, quero passar minha vida a vos escutar, quero me tornar inteiramente dócil ao vosso ensino, a fim de tudo aprender de Vós; depois, por entre todas as noites, todos os vazios, todas as incapacidades, quero fixar-vos sempre e permanecer sob vossa grande luz. Ó meu Astro amado, fascinai-me para que não possa mais sair da vossa irradiação.

Ó Fogo consumidor, Espírito de amor, vinde a mim para que se faça em minha alma como uma encarnação do Verbo; que eu seja para Ele um acréscimo de humanidade, na qual renove todo o seu mistério.

E Vós, ó Pai, inclinai-vos a vossa pobre pequena criatura, não vejais nela senão o Bem-amado no qual pusestes todas as vossas complacências.

Ó meus Três, meu Tudo, minha Beatitude, Solidão infinita, imensidade onde me perco, eu me entrego a Vós como uma presa; sepultai-vos em mim, para que eu me sepulte em Vós, esperando ir contemplar em vossa luz o abismo de vossas grandezas.

Assim seja.

(Santa Isabel da Trindade)

XIII. Orações ao Sagrado Coração de Jesus

1. Oração da manhã ao Coração de Jesus

Louvor, bênção, glória e saudação ao vosso dulcíssimo
e benevolíssimo Coração, ó meu Jesus, fidelíssimo Amante!
Agradeço-vos pela custódia fiel com que me envolvestes
  nesta noite,
na qual não cessastes de oferecer por mim a Deus Pai
a ação de graças e a homenagem de que lhe sou devedora.

E agora, ó meu único Amor,
ofereço-vos o meu coração como uma rosa de fresco
  desabrochar,
a cuja beleza possa atrair os vossos olhares ao longo do dia,
e com a sua fragrância alegrar o vosso Coração.

Vo-lo ofereço, também, como uma taça
na qual possa beber a vossa própria doçura
com as ações que vos dignar de realizar em mim neste dia.

Vo-lo ofereço como uma romã que seja digna com seu
  requintado sabor

de comparecer no vosso banquete real, para que possas absorvê-lo
e transubstanciá-lo em Vós mesmo, tão bem que, para o futuro,
sinta-se feliz dentro do vosso divino Coração.

Peço-vos para dirigir neste dia todos os meus pensamentos, as minhas ações e a minha vontade segundo o beneplácito da vossa benigníssima vontade.

(Santa Matilde de Hackeborn)

2. Intercessões ao Pai eterno através do Sagrado Coração de Jesus

É pelo Coração de meu Jesus, meu caminho, minha verdade e minha vida, que eu me aproximo de Vós, ó Pai Eterno. Através deste divino Coração eu vos adoro por todos aqueles que não vos adoram; eu vos amo por todos aqueles que não vos amam; eu vos reconheço por todos os cegos voluntários que por desprezo não vos reconhecem.

Através deste divino Coração quero satisfazer ao dever de todos os mortais. Eu dou a volta ao mundo para nele buscar todas as almas resgatadas pelo sangue preciosíssimo do meu divino Esposo. Eu quero vos satisfazer por todas através deste divino Coração. Abraço-as para vo-las apresentar por Ele, e por Ele eu vos peço sua conversão; quereis permitir que elas não conheçam o meu Jesus e que não vivam para Ele que morreu por todas?

Vede, ó divino Pai, que elas ainda não vivem. Ah! Fazei que elas vivam por este divino Coração"... "Sobre este adorável Coração vos apresento todos os obreiros do Evangelho; enchei-os de vosso Espírito Santo pelos méritos deste divino Coração.

3. Intercessões invocando o Sagrado Coração de Jesus

Vós sabeis, meu Bem-amado, tudo o que quero dizer a vosso Pai através de vosso divino Coração e através de vossa santa alma; dizendo-lhe, a Vós eu digo, porque Vós estais em vosso Pai e vosso Pai está em Vós. Fazei, pois, que tudo isso se realize, e juntai-vos a mim para comover através de vosso Coração o de vosso Pai. Fazei, segundo a vossa palavra, que como Vós sois uma mesma coisa com Ele, todas as almas que eu vos apresente sejam também uma mesma coisa com Ele e convosco.

(Santa Maria da Encarnação Guyart Martin)

4. Consagração comunitária ao Sagrado Coração de Jesus (I)

Ó Senhor Jesus, santo e suave amor de nossas almas, que prometestes vos encontrar onde dois ou três se reúnam em vosso nome e aí estar no meio deles, eis, ó divino e muito amado Jesus, nossos corações unidos com a intenção de adorar, louvar e amar, bendizer e agradar ao vosso santo e Sagrado Coração, ao qual dedicamos juntos e consagramos os nossos para o tempo e a eternidade, renunciando para sempre a todos os amores e afeições que não sejam o amor e a afeição do vosso Coração adorável, desejando que todos os desejos e aspirações dos nossos sejam agradáveis ao vosso, ao qual desejamos contentar até onde sejamos capazes.

5. Consagração comunitária ao Sagrado Coração de Jesus (II)

Mas como nada podemos de bom por nós mesmos, vos suplicamos, ó adorável Jesus, pela infinita bondade e doçura de vosso Sagrado Coração, de sustentar e confirmar os nossos no propósito que lhes dais de amar-vos e servir-vos, a fim de que nada nos afaste ou desuna de vós, mas que sejamos fiéis e constantes nesta resolução, sacrificando ao amor de vosso Sagrado Coração tudo o que pode dar prazeres vãos aos nossos e entretê-los inutilmente com as coisas daqui, onde nós confessamos que tudo é vaidade e aflição do espírito, fora amar-vos e servir-vos, somente a Vós, meu divino e amável Senhor e Salvador Jesus Cristo, que sois bendito, amado e glorificado eternamente.

Amém.

6. Oferecimento de si mesmo ao Sagrado Coração de Jesus

Eu me ofereço toda a Vós, ó Coração de amor,
com a intenção que todo o meu ser, minha vida, meus sofrimentos
sejam para vos amar, honrar e glorificar no tempo e na eternidade!

Eu vos amo, ó Coração todo amável, como meu soberano Bem,
toda minha felicidade, toda minha alegria,
e o único digno do amor de todos os corações!

Possa o meu reduzir-se a cinzas pelo amor
e a veemência deste amor,

pelo qual renovo com toda a minha alma,
todos os oferecimentos que vos tenho feito de mim mesma!

Livrai-me de desagradar-vos e fazei-me praticar, quanto
lhe agrada.
Ó Coração, fonte de puro amor,
por que não sou toda coração para vos amar,
e toda espírito para vos adorar!?

Fazei, se vos agrada, que eu não possa amar
senão a Vós, em Vós, por Vós e para Vós"!
Amém.

(Santa Margarida Maria Alacoque)

7. Vinde, pecadores, ao Coração de Jesus!

São tão fortes, meu Deus, os laços de teu amor,
que não posso desprender-me deles.
Deixa-me em liberdade, solta-me;
que nem por isso deixarei de amar-te.

Que fizeste ao meu coração, Jesus, que lhe fizeste,
que se torna louco por ti?
Ai, ai, não posso (suportar) mais!
Necessito aliviar-me, cantar e estar alegre.

Viva o amor incriado! Viva o Coração de Jesus!
Ah, se os pecadores viessem a este Coração!
Vinde, pecadores, vinde; não temais;
a espada da justiça não chega até ali.

Quisera, Jesus amável,
que minha voz chegasse ao universo inteiro,

para convidar todos os pecadores
a que entrassem em teu Coração.

(Santa Gema Galgani)

XIV. O sublime mistério da encarnação

1. Se fez homem para fazer-me Deus!

Ó meu Deus, faz-me digna de conhecer o teu altíssimo mistério, realizado pela tua ardentíssima caridade, isto é, o sublime mistério da tua santíssima encarnação por nós, dessa encarnação que foi princípio de nossa salvação. E essa encarnação inefável realiza em nós duas coisas: a primeira é que ela nos enche de amor; a segunda é que nos torna seguros de nossa salvação.

Oh, quão inefável é esta caridade, e realmente não há maior, pela qual o meu Deus, Criador de todas as coisas, se fez homem para fazer-me Deus!

2. Ó feliz culpa!

Ó amor entranhável, a ti mesmo te rebaixaste e te aniquilaste para fazer a mim! E recebeste forma de mísero servo para dar-me beleza real e divina! E apesar disso tudo, quando recebeste minha forma, não diminuíste nada de tua substância, nem te afastaste de tua deidade. Porém, o abismo de tua muito humilde encarnação me constrange a dizer estas íntimas palavras:

Ó Tu incompreensível, feito por mim compreensível! Ó incriado, feito por mim criatura! Ó impensável, feito por mim pensável! Ó impalpável, feito por mim palpável!

Oh, Senhor, faz-me digna de ver as profundezas desta sublimíssima caridade que nos comunicaste nesta santíssima Encarnação!

Ó feliz culpa, que mereceste mostrar-nos a profundeza abscôndita da divina caridade, que estava escondida de nós! Na verdade, não posso pensar caridade maior!

Ó altíssimo, torna-me capaz de entender tão sublime e inefável caridade!

(Santa Ângela de Foligno)

XV. Devoção ao Menino Jesus

1. Oração na infância ao Menino Jesus

Senhor, visto que me fazeis companhia, não vamos para onde tenha mais alguém; levai-me a montanhas afastadas, porque ali com a vossa presença viverei consolada e tendo-vos não me faltará nada.

(Beata Ana de São Bartolomeu)

2. Exaltação ao Menino Jesus

Em Deus, em Deus se encontram todas as doçuras,
e neste menino encarnado que trago dentro de mim.
Tudo aquilo que há de belo e de bom, tudo está nele,
e neste depositei todo o meu bem.

(Beata Maria Vitória de Fornari Strata)

3. Ó Jesus, amável e divino Menino!

Ó bom Jesus, que por nosso amor quisestes vos fazer uma pequena criança!
Eu vos agradeço por vossa infinita bondade, e vos adoro e vos amo.
Ó doce Jesus, que viestes nos encontrar para nos conduzir ao céu!
Quero vos servir e imitar. Dou-vos e consagro-vos o meu coração,
para que o torneis semelhante ao vosso.
Ó Jesus, amável e divino Menino,
dai-me neste mundo vos conhecer e amar;
dai-me vos ver e vos possuir para sempre no céu.
Assim seja.

(Venerável Margarida do Santíssimo Sacramento)

4. Ó Pequeno Menino!

Ó Pequeno Menino[12], meu único Tesouro!
Abandono-me aos teus divinos caprichos;
não quero outra alegria senão a de te fazer sorrir.

---

12. Teresa tem diante dos olhos um Menino Jesus de uns doze anos. Com o dedo indicador esquerdo Ele aponta para o seu coração e com o direito para o céu. A comove profundamente. Continuará tendo-o à frente dos olhos na enfermaria.

Imprime em mim as tuas graças e virtudes infantis,
para que, no dia de meu nascimento ao Céu,
os anjos e os santos reconheçam em tua pequena esposa,
Teresa do Menino Jesus.

(Santa Teresa do Menino Jesus)

XVI. Louvores e afetos à sagrada paixão do Senhor

1. Jaculatórias à Paixão

Minha alma degustaria outros alimentos se se aproximasse com sincero afeto às vossas sacratíssimas chagas, ó meu Jesus.

Tendo sede o meu coração, ó meu Jesus, jamais poderá extinguir a sua sede em outro lugar, senão na sacratíssima chaga do vosso costado.

Ó lança cruel, como te deu coragem de abrir o coração do meu Jesus?

Ó Cruz amada do meu Jesus, te amo também eu, e desejo viver e morrer em ti.

Cravos doces e suaves para o amor do meu Jesus, tende-me cravada na Cruz, unida com o meu Jesus.

Côncava e profunda era a chaga do meu esposo, para que assim a minha alma ali encontrasse seguro refúgio.

Os olhos do meu Jesus, mais brilhantes que o sol, na Cruz se fecharam e se obscureceram.

Tenebroso foi o mundo enquanto estava o meu bem pendente na Cruz, oferecendo a si mesmo em sacrifício ao eterno Pai pela minha salvação.

Ó amor da Cruz, torna-me agradecida, que eu te encontre no meu coração.

(Santa Clara da Cruz)

2. Oração à Paixão do Senhor (atribuída)[13]

Ó Jesus, Espelho de verdade, sinal de unidade, vínculo de caridade!
Lembrai-vos da multidão de chagas das quais fostes ferido da cabeça aos pés,
despedaçado e todo arroxado pela efusão de vosso sangue adorável.
Ó grande e universal dor que sofrestes, por amor de nós, em vossa carne virginal!

---

13. Trata-se da oração número 12 que a santa escreveu sobre a Paixão. Ela escreveu 12. "Atribuída" porque alguns estudiosos questionam se realmente é da santa ou de sua Escola (algum(a) discípulo(a)).

Querido Jesus, o que mais poderia ter feito por nós que não o tenha feito?!
Eu vos suplico, ó meu Salvador, de marcar com vosso precioso sangue
todas as vossas chagas em meu coração, para que eu posso compreender[14]
constantemente vossa dor e vosso amor.

Que pela fiel recordação da vossa Paixão,
o fruto dos vossos sofrimentos seja renovado na minha alma,
e que o vosso amor aumente a cada dia até que eu chegue a Vós,
que sois o tesouro de todos os bens e de todas as alegrias,
que eu suplico de me dar, ó dulcíssimo Jesus, na vida eterna.
Assim seja.

(Santa Brígida da Suécia)

3. Ó Paixão gloriosíssima

Ó paixão gloriosíssima, remédio de todas as nossas chagas!
Ó mãe fidelíssima, que conduz os teus filhos ao Pai celeste.
Ó verdadeiro e suave refúgio em todas as adversidades!

Ó ama nutridora, que guia as mentes pequenas à suma perfeição!
Ó espelho reluzente, que ilumina os que te olham
e que repara as suas deformidades!
Ó escudo impenetrável, que defende elegantemente àqueles que se escondem atrás de ti!

---
14. Literalmente: *ler*.

Ó maná saboroso, de toda doçura pleno;
Tu és aquele que guarda teus amantes de todo mortal veneno!
Ó escada altíssima, que eleva aos bens infinitos
àqueles que estendem sobre ti o seu voo!

Ó verdadeira e recreativa hospedaria para as almas
  peregrinas!
Ó fonte indeficiente, que refrigera os sedentos de ti abrasados!
Ó mar piscosíssimo para quem em ti rema com a barca reta![15]

Ó dulcíssima oliveira, que estende os teus ramos pelo
  universo inteiro!
Ó delicada esposa para a alma, que de ti sempre é
  enamorada,
e a outras não aprecia!

(Santa Catarina de Bolonha)

4. Oração diante do crucifixo

(Beijando as mãos do crucificado): Mãos santíssimas, que abristes a salvação ao mundo inteiro e a mim, sede-me escudo contra o comum Adversário.

(Beijando os pés): Ó pés santos e delicados, que tanto por mim quanto pelo gênero humano vos fadigastes, dirige-me ao único caminho da Eternidade, a fim de que eu não caia no abismo.

(Olhando o sagrado costado): Ó porta escancarada, não tanto pela lança quanto pela Caridade do Senhor, deixai que eu por Vós traspasse, para apoderar-me eternamente do seu Reino. Ó sagrada e segura gruta, escondei-me em Vós para me libertar dos últimos vestígios do ímpio Prínci-

---
15. Sentido: retidão, integridade, honestidade.

pe das trevas. Ó fornalha perpétua de vivo amor, queimai, consumi e aniquilai as minhas faltas.

5. Quero morrer crucificada convosco!

Meu Deus, Vós bem sabeis como eu sempre desejei morrer convosco crucificada. Contudo, agradeço-vos que me concedestes tão bela graça, prorrogai-a, vo-lo suplico[16].

As dores que me dilaceram no corpo as sinto; mas com tudo isso, dolorosas ou menos atrozes que sejam daquilo que eu mereço, uni-as aos tormentos de vossa Paixão, porque vos declaro que não tenho lugar para receio ou medo de encontrá-las.

Glorifico-vos e bendigo-vos, porque me levastes todo temor da morte; e esta, eu sei, me fará felicíssima, quando eu souber aceitá-la, não como causa de meus temores, mas como pena de meus deméritos.

Portanto, quero morrer crucificada convosco.

(Santa Catarina de Ricci)

6. *Consummatum est*

Deus fez tudo com duração, com número e com medida,
Ele mesmo é o nível, a régua e o compasso:
dispôs tudo bem, mesmo ao seu trespasse,
Ele quis cumprir perfeitamente a Escritura.

À morte que perseguia sua humana natureza
entregou seu corpo divino tão mortalmente lasso,
que esse Verbo eterno suportando os combates disse:
"tudo está consumado, Pai, eis minha hora".

---

16. Refere-se a santa às suas doenças e dores.

Eu abri os sete selos do livro lacrado,
Satã está arruinado, meu povo está resgatado,
escolhi em meu coração uma nova esposa.

As portas do inferno sob ela tremerão,
e, enquanto no sobrevir os séculos durarem,
ela deve estar em mim como eu estou nela.

(Gabriele de Coignard)

7. Eu vos saúdo, ó santa Cruz!

Ó santíssima Cruz honrada com os membros do meu
   Salvador.
Ah! Vós sois a porta real que conduz ao templo da santidade;
fora dali nunca a encontraremos.

Ó almas religiosas! Lançai profundamente vosso espírito
nas chagas que o Senhor sofreu sobre esta cruz,
e vede quão vil e vão é o coração que se aninha sobre
   outra árvore.

Eu vos saúdo, ó santa Cruz!
Estandarte de salvação, palma da vida, espada pela qual o
   diabo foi morto,
remédio da imortalidade, defesa da vida presente, penhor
   da eterna,
sinal sagrado dos cristãos, troféu do Rei Jesus, ó querida e
   desejável cruz!
Recebei-me entre os vossos braços veneráveis.

8. Eu vos adoro, pequenas e grandes cruzes

Ah, Jesus, meu Esposo! Beijando e abraçando vossa cruz,
Vós beijastes e abraçastes todas as nossas pequenas cruzes,
a fim de no-las tornar mais amáveis:

ó minhas pequenas cruzes, meus pequenos sofrimentos,
minhas pequenas repugnâncias, humilhações por pequenas
   que vós sejais,
meu Jesus vós as vistes, beijastes e santificastes;
como, pois, não vos receberia de coração aberto?

Ao longo de toda a jornada desta vida, encontramos cruzes
   a cada passo;
se minha carne estremece, contudo, meu coração as adora.
Sim, eu vos adoro, pequenas e grandes cruzes, interiores
   e exteriores,
corporais e espirituais, indigna que eu sou da honra de
   vossa sombra.

(Santa Joana Francisca de Chantal)

9. Oração na infância sobre a Paixão

Vejo-vos perseguido, Senhor, por vossos próprios filhos, embora ilegítimos, e traidores no amor, acerca de dores que vos causaram as ingratidões tão sanguinolentas.

Assisto-vos miseravelmente ferido dos pés à cabeça, as carnes abertas com açoites, os pés e mãos cravados a um madeiro, tornado uma fonte de sangue que borbulhando corre das feridas, e o mais triste espetáculo que os olhos humanos já viram, nem a semelhança (humana) vos restou.

Se sou vossa esposa, e minha obrigação é ser uma só convosco, é necessário que vos ajude em vosso sofrimento: ofereço-vos meu coração para as feridas, para os espinhos a cabeça, ao açoite o corpo, à dor todas as potências espirituais da alma.

Recebei minha oferta, meu divino Senhor; dai-me desgostos, porque paciência me dareis. Ofereço-vos este desejo, consagro-vos esta vontade, entregando-vos a vida com esta intenção, já que, na realidade, não a perco".

(Santa Rosa de Lima)

10. Oferecimento da Vítima Divina ao Pai Eterno após a consagração

Eu associo ao Pai eterno seu Divino Filho Nosso Senhor, em ação de graças por todos os favores que Ele fez à natureza humana em satisfação dos pecados do mundo inteiro, e para lhe pedir todos os dons e graças necessárias e adequadas à salvação de todas as almas. Associo também este santo sacrifício, em ação de graças pelo sacrifício da cruz e por todas as intenções pelas quais Jesus Cristo sacrificou-se a si mesmo na cruz.

(Maria des Vallées)

11. Pensamentos edificantes sobre a morte de N.S.J.C.

Jesus teve após a morte o lado perfurado por uma lançada, e dele saiu a água e o sangue que se manteve líquido por milagre, e esta chaga permaneceu sempre aberta, mesmo depois de sua ressurreição. Eu aprendo disso que, após fazer morrer em mim a carne, e com ela todas as paixões que formam sua vida assim como a caridade é a vida da alma, ainda é necessário perseguir sobretudo a (paixão) principal, e aquela onde residia mais particularmente esta vida da carne, mesmo que já não sinta que ela tenha alguma vida; e que eu devo através das mortificações contínuas tratar de sufocá-la, como se ela já não existisse, para que, praticando tudo o que lhe é mais contrário, eu forme mediante a graça de Deus um hábito que passando a (ser) natural seja a verdadeira morte para mim, e seja como a chaga do coração de meu Salvador após a qual Ele não podia mais viver naturalmente: de forma que por esta chaga saiam todos os resquícios da fraqueza e da força humana, que servem apenas para me tornar incapaz do bem e capaz do mal.

(Jaqueline de Santa Eufêmia – "Pascal")

12. Sou amante da Cruz!

Meu Senhor, anseio por vos agradar e por fazer a vossa Vontade; e se vedes, meu Deus, que mesmo neste anseio nada tivesse do meu próprio gosto, tirai-me tudo, despojai-me de tudo: prostrada aos vossos pés, meu Jesus, eu declaro agora e para sempre que quero ser toda vossa, e nada mais desejo do que a vossa santa Vontade.

Vós me dissestes que os amantes da Cruz hão de se estabelecer no vosso Coração; eu declaro e com meu próprio sangue me subscrevo AMANTE DA CRUZ.

Meu Senhor, levai de mim tudo aquilo que pode impedir minha união convosco. Fazei que este coração seja albergue do vosso Santo Amor: nada mais reste em mim senão a vossa santa vontade, e pretendo com meu próprio sangue escrever a Vós meu Deus, para fazer um acordo firmíssimo de não querer mais nada, senão aquilo que Vós quereis.

Convosco me confirmo e vos dou o meu coração.

(Santa Verônica Giuliáni)

XVII. Preparação à comunhão

1. Bem-aventurada a alma que se alimenta do Corpo de Cristo

Bem-aventurada aquela alma que, enquanto bebe,
contempla e admira na taça o coração de Cristo.

Bem-aventurada aquela alma que, no prato do alimento
contempla as chagas de Cristo.

Bem-aventurada aquela alma que, para ver as coisas passageiras
se serve dos olhos de Cristo.

Bem-aventurada aquela alma que sempre se espelha
na face desfigurada de Cristo.

Bem-aventurada aquela alma que se alimenta
do Corpo de Cristo.

(Santa Clara da Cruz)

2. Ah! Meu bem-amado!

Ah! Meu Bem-amado, se vós quereis que eu vos olhe, olhai primeiramente para mim mediante vosso espírito, atrai o meu (olhar), que é tão indigno de vossa presença que nem vo-lo ouso apresentar.

Por isso estou aqui com profunda reverência e um grande reconhecimento de meu nada. Eu nada sou, nada posso, nada sei: suplico-vos que não me deixeis aqui sozinha, ignorante e ingrata com tantas graças que Vós quisestes me comunicar.

Ofereço-me a Vós e submeto-me a ser, por vosso amor, privada totalmente de todas as consolações sensíveis que não são necessárias à minha salvação, e suportar de boa vontade todas as intensas adversidades, doenças, confusões, tormentos, tribulações, opressões do coração, e tudo o que Vós quiserdes me enviar no tempo e na eternidade.

Apesar disso, meu Deus, eu sou toda vossa. É por isso que terei a ousadia de vos pedir, não só vossos dons e graças, mas também Vós mesmo; e particularmente a recepção de vosso precioso corpo e sangue, que desejo receber para estar mais perfeitamente unida a Vós.

3. Perdão dos pecados

Eis, meu Deus, que eu tomo todos os meus pecados, negligências, ingratidões e outras desordens que são em mim incontáveis, e coloco-os diante de vossas honradíssimas chagas, para serem esquecidos e aniquilados. Lanço-os, meu Bem-amado, no fogo admirável de vosso amor, a fim de que vos agrade consumi-los e aniquilar: mergulho-os no abismo infinito de vossas misericórdias, para que vos agrade submergi-los, e que eles nunca mais sejam vistos.

4. Ó gloriosa Virgem Maria

Ó gloriosa Virgem Maria, mãe de meu Salvador e Redentor, tenhais compaixão de mim, pobre e miserável pecadora. Ó incomparável lírio da Santíssima Trindade, rogai por mim, para que, através de vós, abrace com perfeito amor a vosso filho, meu Salvador Jesus Cristo, e que eu me torne uma alma segundo o seu coração. Ó bem-aventurados espíritos angélicos, peço-vos vosso auxílio: rogai por mim, todos os santos e santas que gozais de meu Deus, a fim de que, através de vós, eu agrade em tudo a meu Senhor e meu Deus, louvando-o e glorificando-o aqui na terra, como vós o fazeis no céu.

5. Ó Santíssima Trindade

Ó santíssima e admirável Trindade, ensinai-me a realizar a vossa santa vontade; preparai-me para a cumprir e ajudai-me nisso: porque depositei em vós toda a minha esperança.

(Beata Maria da Encarnação)

6. Desejo ser o centro de tuas chamas!

Senhor, aqui tens meu coração e minha alma;
vem, que está aberto o peito para que,
introduzindo nele teu fogo divino,
consuma-se e abrase-se.
Vem, meu Jesus, não o dilates mais,
desejo ser o centro de tuas chamas.

7. Melhor é receber-te do que te olhar!

Bem sei, meu Jesus, que melhor é receber-te do que te
 contemplar;

enche-me de aflição o pensar que, ainda que passem anos
e mais anos
preparando-me como os anjos, nem por isso eu seria
digna de te receber.

Consola-me, ó meu Jesus, confessar minha miséria em
tua presença.
Ampara-me, Senhor; lançar-me-ei a teus pés,
pois tendo fé, como por felicidade tenho,
bem posso uma e milhares de vezes dizer:
"Melhor é receber-te do que te olhar".

(Santa Gema Galgani)

XVIII. Orações após a comunhão

1. Jaculatória após a comunhão

Senhor, que vosso corpo alcance a salvação de minha alma!

(Santa Oportuna)

2. Oração após a comunhão

Apresento-vos, ó Pai adorável, a vosso amabilíssimo Filho,
que já vos pagou todos os meus pecados de soberba.

Apresento-vos o vosso mansíssimo Filho,
que já vos satisfez por todos os meus pecados de ira.

Apresento-vos o vosso amantíssimo Filho,
o amor do vosso Coração;
Ele extinguiu plenamente aos meus pecados de ódio.

A sua iluminada liberalidade compensou os meus pecados de avareza;
o seu santo zelo reparou a minha tibieza;
a sua perfeita abstinência, extinguiu as minhas intemperanças.

A pureza de sua vida inocentíssima
pagou todos os meus pecados de pensamentos, de palavras e obras;
a sua obediência até a morte, cancelou a minha desobediência.
Finalmente, a sua perfeição resgatou todas as minhas imperfeições.

Seja, pois, aplacável, ó Pai santo, sobre a minha iniquidade,
em virtude desta hóstia tão digna e a Vós tão agradável;
e pela vossa piedosa misericórdia,
remove de mim a vossa indignação
e recebe-me na vossa graça sempiterna.
Amém.

(Santa Matilde de Hackeborn)

3. Ações de graças (I)

Eu dou, ó meu Deus, infinitos louvores a vossa onipotente e bondosa sapiência. Mas, porque me reconheço incapaz e impossibilitado de vos louvar e glorificar como sois digno, suplico-vos, ó meu Deus, que Vós mesmo estando em mim realizeis esses louvores e ação de graças de forma perfeitíssima. Tanto que se eu tivesse em mim o amor de todas as criaturas, eu as dirigiria todas a Vós, meu Deus, meu Senhor e meu princípio; e nisto consiste meu prazer e meu gozo, vos amar com todo o meu coração com todas as potências de minha alma.

4. Ações de graças (II)

Senhor, Vós sois um abismo de doçura soberanamente desejável; Vós sois minha luz, e a única alegria de minha alma. Que eu vos abrace, Vós que sois uma torrente de prazeres inestimáveis e um mar de alegria inefável, para que eu repouse e me deleite infinitamente em Vós que sois meu soberano bem. Vós sois, meu Senhor e meu Deus, toda a minha suficiência e minha capacidade. Por isso, não desejo possuir nada além de Vós, que sois o bem, o repouso e a consolação de minha alma. Ó meu Deus, atrai-me a Vós para me abrasar com esse fogo ardentíssimo de vosso amor, no qual eu sou totalmente consumida e aniquilada.

5. Mergulhai-me no abismo de vossa divindade!

Suplico-vos, ó meu Senhor e meu Deus, que observeis com vosso olhar de misericórdia minha desolação, a grande necessidade que tenho de vossas graças, a grande cegueira em que me encontro. Abri, meu querido Jesus, as portas de vosso amor, desejo dele gozar para isso: para vos agradar. Mergulhai-me, doce Jesus, no abismo de vossa divindade, e absorvei-me nela; tornai-me um mesmo espírito convosco, para que possais ter satisfação em mim, e que eu possa permanecer eternamente em Vós. Assim seja.

6. Mergulhai-me no abismo de vossa divindade! (II)

Ó mais que admirável poder, sapiência e bondade de meu Senhor e meu Deus, quando será que me transformareis totalmente em Vós? Porque vos é ainda mais fácil me absorver, do que é ao mar absorver uma gota de água. Ó meu Senhor, meu Deus e meu tudo, a minha vontade é que eu possa fazer de cada criatura uma alma, e de cada alma, e especialmente da minha, vos edificar um reino dos céus, no qual Vós possais ter alegria e paz no lugar de todas as dores e tristezas que sofrestes por mim. Abri-me, eu vos suplico, as grandes riquezas de vossa divindade mais do que admirável e lá me esconda, para que nunca possa ser encontrada por nenhuma criatura. Assim seja.

(Beata Maria da Encarnação)

7. Romance sobre o Santíssimo Sacramento no dia da comunhão[17]

Amante doce da alma,
Bem soberano ao qual aspiro,
Tu, que sabes as ofensas
castigar a benefícios.

Divino Ímã em que adoro,
hoje, que tão propício vos vejo,
que me animais à ousadia,
de poder chamar-vos meu.

---
17. Traduzido pelo contexto, e não pelas regras métricas.

  Hoje, que em união amorosa
pareceu a vosso carinho,
que se não estáveis em mim,
era pouco estar comigo.

  Hoje, que para examinar
o afeto com que vos sirvo,
ao coração em pessoa
haveis entrado Vós mesmo.

  Pergunto, é amor, ou ciúmes,
tão cuidadoso escrutínio?
Que quem registra tudo,
dá de suspeitar indícios.

  Mas, ai bárbara ignorante,
e que de erros tenho dito,
como se o estorvo humano
obstasse ao Lince Divino!

  Para ver os corações,
não é mister acompanhá-los,
que para Vós são patentes
as entranhas do Abismo.

  Com uma intuição presente
tendes em vosso registro
o infinito passado
até o presente finito,

  Logo não necessitáveis
para ver o meu peito,

se o estais considerando sábio,
entrar a olhá-lo fino.

Logo é amor, não ciúme,
o que em Vós vejo.

(Joana Inês da Cruz)

XIX. Adoração eucarística e comunhão espiritual

1. Oração diante do Santíssimo Sacramento

Ó beleza eterna! Ó beleza eterna!
Eu vos vejo, vós sois minha força, vós sois minha vida!

Ó divino poder!
Vós subjugais os principados do inferno, ó admirável
    verdade!
Vós destruís toda ilusão, toda mentira.

Ó pura e santa luz!
Vós penetrais até na morte, e vos fazeis sentir aos prínci-
    pes das trevas,
que não são, porém, capazes de vos conhecer e de
contemplar
vossa divina majestade.

Vinde, meus irmãos (anjos),
vinde louvar comigo nosso Pai e nosso Deus!

(Venerável Margarida do Santíssimo Sacramento)

2. Preparai meu coração para receber meu Deus espiritualmente

Pai eterno, eu vos ofereço meu entendimento,
a fim de que aprenda a não conhecer outra coisa, exceto
 a vós.

Meu doce Jesus, eu vos ofereço a minha memória,
para que não se recorde exceto de Vós.

Espírito Santo, todo caridade, eu vos ofereço minha vontade,
a fim de que vós a aqueçais e a abraseis com vosso
 divino amor.

Ornai minha alma com vossos sete dons,
e me tornai vosso templo de pureza.

Enchei-me de vossas graças e preparai meu coração
para receber meu Deus espiritualmente.

3. Meu divino Jesus

Meu divino Jesus,
visto que meus pecados me tornam indigna de receber-vos
 em meu coração,
recebei-me no vosso e uni-me tão perfeitamente a Vós,
que nada seja capaz de afastar-me um só instante.

Abismai minha miséria e pequenez na grandeza de vossas misericórdias,
e transformai-me toda em Vós, a fim de que eu não viva mais do que de Vós, em Vós, e por amor de Vós.

Vinde, pois, único objeto que me contenta,
tomai posse desse coração que é todo vosso
e que não possa estar nem um instante sem Vós.

Dou-vos graças porque quisestes dar-vos espiritualmente à minha alma.
Dou-me também totalmente a Vós, sem reserva,
para que vos digneis fazer em mim tudo o que Vós desejeis fazer.

Destruí este espírito de amor-próprio.
Abatei tudo o que se eleva,
e aniquilai tudo o que vos faça resistência.
Amém.

(Santa Margarida Maria Alacoque)

4. Alimentemo-nos do Pão dos Anjos

Alimentemo-nos deste Pão vivo que se chama Pão dos Anjos, não porque os Anjos se nutrem dele, mas porque ele tem a virtude de transformar em Anjos àqueles que o comem dignamente.

Se vós estais nos sofrimentos, na escuridão, na secura, comungai; se vós estais na luz, nas consolações divinas, comungai para que o amor de Deus cresça em vossa alma; se vós estais na fraqueza, comungai para que a força do Espírito Santo vos sustente. A religiosa perfeita deve comungar para avançar na perfeição; a religiosa imperfeita deve comungar para alcançar a perfeição à qual ela deve atingir.

Santa Teresa, no período de seus sofrimentos comungava com mais frequência. Enquanto Jesus Cristo residir em nós, devemos manter-nos com a maior atenção; que vossa ação de graças seja fervorosíssima. Pensai somente em Jesus Cristo e em seu amor, e vós sereis terríveis aos demônios... ação de graças que jamais deveria ser interrompida, jamais...

5. Que mistério, que privilégio!

Oh! Que mistério, minhas queridas filhas, que graça, que privilégio!!!

Não, não, eu não compreendo que uma religiosa possa viver sem se unir frequentemente a seu Celeste Esposo. Essa união deve ser sua vida, sua única felicidade, o único descanso de suas fadigas.

Consideremos a divina Eucaristia como o penhor da glória duradoura prometida aos justos. Para a alma fiel, que se alimenta deste pão celeste, este sacramento será um título que lhe servirá para obter graça no dia do juízo, e para ser admitida entre os cidadãos do céu.

Recomendamos-vos, minhas queridas filhas, que peçais frequentemente ao Senhor a graça de receber o socorro da santa comunhão ao final de vossa vida. Quando eu vejo nossas queridas irmãs moribundas receber o santo Viático, isto é, sua provisão para a derradeira viagem, e expirar logo depois, eu lhes tenho inveja e peço a Nosso Senhor que Ele me conceda a mesma graça... Felizes àqueles que chegam à eternidade bem-aventurada providos do corpo sagrado de Nosso Senhor.

(Santa Maria Eufrásia Pelletier)

6. Hora Santa (parcial)

Pai Santo, com o coração penetrado do mais vivo reconhecimento, graças vos dou em nome de todos os homens, por ter-nos dado um Redentor tão bom e generoso, em quem com infinitas vantagens reconquistamos os bens perdidos pela culpa original. Ofereço-vos, por todos os redimidos o sangue que Ele tão generosamente derramou, e rogo-vos que façais que os frutos da Redenção sejam tão copiosos como a própria Redenção, e que por toda a eternidade o bom Jesus seja louvado, glorificado e amado por todos os filhos de Adão.

Pai-nosso, Ave-Maria e Glória-ao-pai

Pai Santo, ofereço-vos o precioso sangue de Jesus para impetrar de vossa misericórdia a exaltação e aumento da santa Igreja Católica, a conversão dos infiéis, hereges e pecadores; a perseverança dos justos e a liberdade das almas do Purgatório. Vo-lo ofereço pelos meus superiores e por todos aqueles que me são queridos. Finalmente, vo-lo ofereço pela santificação de minha alma e para obter a graça de (diga-se a graça que se deseja alcançar).

Pai-nosso, Ave-Maria e Glória-ao-pai.

7. Amo-te e adoro-te!

Sangue precioso que verte
de seu puro Coração,
para apagar nossas culpas
quem nos dá a salvação.
    Amo-te e adoro-te; Tu és
da alma o único bem;
a esperança que me alenta
para alcançar o éden.

Tu a sentença de morte
apagas da humanidade;
Tu és a cifra[18] verdadeira
de toda felicidade.
   O céu por ti de novo
abre suas portas de luz,
ó sangue, sangue precioso,
do doce, amante Jesus!

(Beata Elena Guerra)

XX. Preparação para a confissão

1. Venho suplicar-vos que me purifique

Meu Deus, eis-me diante de Vós, pobre alma envergonhada e aflita, recoberta pela lepra do pecado. Venho suplicar-vos que me purifique, cure-me e torne-me tão bela que seja digna do nome de vossa filha. Enquanto isso, ó Senhor, pagarei a minha dívida, acusando-me ao vosso ministro de todas as culpas que a consciência me repreende, e Vós, dignai-vos apagá-las todos do vosso livro.

---

18. Chave, suma, resumo.

8. Ó Divino Espírito!

Ó Divino Espírito, sem cujo auxílio não posso realizar nada de bom, vinde a mim com uma nova efusão de graça, para que eu receba neste Sacramento remissão de todos os pecados e novos auxílios para emendar-me de todos os meus vícios.

Ó Divino Espírito, que sois fonte de água viva que retorna até o Céu, irrigai a árida terra da minha alma, porque sem Vós ela não pode oferecer à divina Majestade aceitáveis afetos de arrependimento.

Ó Divino Espírito, que tão misericordiamente lavais a avareza das almas, fazei escorrer na minha alma aquele sangue que o bom Jesus verteu quando nos ardores da vossa caridade, ó Espírito Santo, se ofereceu imaculado ao Pai por mim.

Ó Bendita entre as mulheres, ó amorosíssima Mãe dos pobres pecadores, que jamais tivestes a desgraça de ofender Deus, acompanhai-me ao tribunal da penitência, que quero também eu esmagar a cabeça da serpente do inferno, fazendo uma boa confissão.

Meu Anjo, vem comigo, e auxilia-me a superar toda vergonha e repugnância ao acusar os meus pecados.

Amém.

(Beata Elena Guerra)

XXI. Atos de contrição

1. Eu sou esta centésima ovelha!

Ó Deus dulcíssimo e cheio de bondade, pai das infinitas misericórdias, eu sou esta centésima ovelha que abandonou vosso redil para ir buscar pastagens ruins, onde me alimentei de ervas amargas e de plantas envenenadas. Após três anos passados neste extravio do espírito e nesta triste vadiagem, desejo com todo o meu coração voltar a Vós, ó Deus suave e clemente, fonte da paz verdadeira.

Recebei-me, pois, com caridade, levai-me sobre os teus ombros misericordiosos, ó pastor generoso e fiel, que deu a vida por vossas ovelhas. Levai-me novamente ao vosso amável redil, e não desvieis vossa face de mim.

Ó meu doce Jesus! Não permitais que eu naufrague no porto mesmo da religião, após ter feito tanto para sair do mar tempestuoso do século. Lembrai-vos, ó meu Jesus, do preço que eu vos custei! Lembrai-vos, ó meu Redentor, de todo o sangue que derramastes sobre a cruz para comprar a minha alma! Lembrai-vos, ó meu Bem-amado, não do que tenho feito, mas do que quis fazer para vossa honra.

2. Tende piedade de mim!

Meu Deus, eu sou esse pobre publicano do qual falou no Evangelho. A vergonha de seus pecados o impedia de erguer a cabeça; e a confusão que os meus me dão tira-me a audácia de olhar o céu. Como ele, baixo os olhos para a terra, e bato no peito dizendo: tende piedade de mim, meu Deus, porque sou uma pobre pecadora.

Ó Senhor clementíssimo, recebei em vossos braços abertos uma filha pródiga que foi longe de Vós dissipar seus bens, não vivendo na retidão e na verdade. Meu divino Mestre, eu não sou digna de ser chamada de vossa serva, nem mesmo de vossa escrava, porque persegui as almas adquiridas ao preço de vosso sangue precioso.

No entanto, vinde ao meu encontro, ó meu Jesus! Vinde com vossa graça. Apertai em vossos braços minha alma aflita, e visitai-a como o fazíeis em uma época mais feliz para mim. Ó meu Pai tão bom, não me recuseis este beijo de paz que meu coração deseja... Se não mereço que isso aconteça enquanto estou sobre a terra, eu darei de bom grado minha vida para desfrutar da paz do túmulo.

(Santa Camila Batista de Varano)

3. Digna-te, Senhor, perdoar as minhas numerosas ofensas

Ai de mim aflita que, entrando no segredo do meu coração, de vergonha não ouso erguer os olhos ao céu, porque reconheço-me digna de ser, por isso, tragada viva no inferno! E, além disso, vendo em mim tantos erros, fealdades, desonras, e tanta monstruosidade, e terríveis bestas e figuras, eu sou constrangida dia e noite, andando, parando, fazendo, pensando em elevar ao céu penetrantes clamores, e pedir a ti, meu Senhor, misericórdia e tempo para a penitência.

Por esta razão, digna-te, Senhor, perdoar as minhas numerosas ofensas e cada falta minha, que, contudo, tenha cometido até a hora do dia do sagrado Batismo; digna-te, ainda, meu Senhor, perdoar os pecados de meu pai e da minha mãe, e de meus parentes e amigos, e do mundo inteiro.

Portanto, peço-te tudo isso pela tua sacratíssima Paixão, pelo teu precioso Sangue derramado por nosso amor, pelo teu santo nome "Jesus", o qual seja bendito no céu e na terra, e entre todos os coros celestes dos anjos e arcanjos.

4. Pobre de mim!

Pobre de mim! Angustia-me, Senhor, que tanto tardei em começar a servir a tua Divina Majestade. Ah, miserável de mim que, até agora, não derramei sequer uma gota de sangue pelo teu amor, e não fui obediente aos teus divinos preceitos, de modo que a adversidade me foi áspera pelo meu pequeno amor por ti!...

Por isso, meu Senhor, minha única vida e esperança, peço-te que te dignes acolher este meu vil e impuro coração, e queimar dele todo seu desprezível afeto e paixão com a ardente fornalha do teu divino amor.

Peço-te, Senhor, que recebas cada vontade própria minha, a qual por si mesma, por estar corrompida pelo pecado, não sabe discernir o bem do mal; pelo que receba, Senhor, todo meu pensar, falar, agir, e finalmente tudo o que é meu, tanto interior como exterior.

Tudo isso ofereço ante os pés da tua Divina Majestade, rogando-te que te dignes recebê-lo, embora disso seja indigna.

(Santa Ângela Mérici)

5. Ouso pedir-vos a eterna salvação

Ó meu Jesus, se considero a vossa eterna misericórdia e a minha constante miséria, quanto me amastes e quanto vos ofendi, temo demais pela minha salvação. Quem como eu vos foi mais ingrata? Meu Jesus, o digo com grande constrangimento, necessito confessar a vossa grande bondade...

Fui sempre morna, rebelde e covarde. Com minhas faltas, abusei milhares e milhares de vezes da vossa bondade, e os meus pecados são tão graves que merecem mil infernos. Eu o reconheço e o confesso, meu Redentor. Mas visto que sois a fonte da verdadeira misericórdia, apesar de tudo isso me concedeis o paraíso.

Cordeiro imolado, lavai com o vosso sangue esta alma pela qual fizestes tanto até agora, e pela redenção da qual pagastes preço tão cruel. Portanto, ouso pedir-vos a eterna salvação, não por presunção, mas por amor.

(Santa Catarina de Ricci)

6. Oração aos 3 anos de idade

Ah, meu querido Senhor e Deus, fazei-me morrer: porque quando a gente se torna grande, nós vos ofendemos com grandes pecados.

7. Acolhei-me, eu vos imploro em nome de vossa doce Mãe!

Ó Mãe de meu Salvador! Tu és minha mãe por dois motivos: vosso Filho vos deu a mim por mãe quando se fez homem e quando disse a João "Eis aí a tua mãe". Depois me tornei esposa de vosso Filho. Fui desobediente com vosso Filho, meu noivo, e tenho vergonha que Ele me veja.

Tende, pois, piedade de mim! O coração de uma mãe é sempre tão terno, rogai para que eu alcance o meu perdão! Ele não vos será negado.

Ó meu Deus, eu sou o filho pródigo. Dissipei a herança que me destes. Não sou digna de me chamar vossa filha, tem piedade de mim! Acolhei-me, eu vos imploro em nome de vossa doce Mãe, que também é minha Mãe.

(Beata Ana Catarina Emmerick)

XXII. Exorcismos

1. Em nome do Senhor, retira-te!

Em nome do Senhor, retira-te, inimigo cruel e feroz, porque eu sou a serva de Jesus Cristo, e tu não me seduzirás como seduziste Eva, a primeira mulher.

(Santa Oportuna)

2. Exorcismo na tentação contra a fé

Creio tudo o que a santa Igreja me propõe para crer; sim, creio firmemente tudo o que Deus revelou à sua Igreja, e tudo o que a Igreja nos ensina. E vós, ó espíritos imundos e malditos, em nome de Jesus Cristo, apartai-vos daqui. Ó meu Deus, eu creio em Vós!

(Beata Ana Maria Taigi)

XXIII. Oração da manhã

Oferecimento do dia a Deus

Altíssimo Senhor e Deus eterno, infinitas graças vos dou por vosso Ser imortal e por vossas infinitas perfeições, e porque me criastes do nada, e porque me conservais em vossa presença. E, reconhecendo-me criatura feita por Vós, vos bendigo e adoro, dando-vos honra, magnificência e divindade como a meu Supremo Senhor e Criador, e de tudo o que tem existência, e elevando meu espírito para colocá-lo em vossas mãos, e com profunda humildade e resignação me ofereço nelas, e peço-vos que façais de mim o que quiserdes neste dia e em todos os que restam de minha vida, e me ensineis o que for de maior agrado e beneplácito vosso, para realizá-lo, e me deis vosso conselho, consentimento e bênção.

Amém.

(Venerável Maria de Jesus de Ágreda)

XXIV. Orações para cumprir fielmente os deveres de estado

Entrega a Deus diante do crucifixo aos 10 anos

Deus sabe que eu não desejei este trono onde estou colocada. Eu estava tão feliz ao lado de minha querida mãe e senhora, que jamais de minha escolha haveria deixado por uma coroa aquela que me deu a vida.

Ó Senhor, Deus todo-poderoso, que vossa sabedoria inspire vossa pobre serva. De Vós recebi a coroa; que ela seja mais para Vós do que para mim, e que eu cumpra os deveres que ela me impõe, à custa dos maiores sacrifícios.

(Santa Edviges)

XXV. Ações de graças

1. Agradecimento por graça alcançada

Ó infinita clemência da majestade de Deus, eu não sou digna de morar na vossa casa, nem mesmo agradecer-vos por tal e tão grande benefício concedido a mim que sou tão indigna. Por isso os meus olhos sombrios não ousam louvar-vos, Sol de justiça, o qual com o radiante clarão que procede da vossa belíssima e piíssima face estão iluminados o céu e a multidão daqueles que nele habitam; e a minha boca abominável, excessiva e horrivelmente malcheirosa, não pode vos louvar, ó suavíssimo e inestimável bálsamo do qual precedem todas as outras fragrâncias.

Finalmente, a minha baixeza e mortalidade tão nula e incapaz, não pode louvar-vos, ó altíssimo e diviníssimo Deus e Homem vivo e verdadeiro, incompreensível e imortal; mas a vossa altíssima e piíssima caridade, a qual se digna conduzir e sustentar-me, e a outros pecadores, seja para o louvor e glória de Vós mesmo.

(Santa Catarina de Bolonha)

2. Bendizei o Senhor todas as coisas criadas!

Bendizei o Senhor todas as coisas criadas,
exaltai seu santo nome, obra de suas mãos,
adorai sua grandeza, ó vós mentes humanas,
e vós divino rebanho, das almas bem-aventuradas.

Luminoso sol revestido de tuas flamas douradas,
largo e vasto universo que rapidamente nos cingis,
louvai o Todo Poderoso, e vós astros altaneiros,
servos de cravos luzentes às voltas azuladas.

Bendizei o Senhor, terra, prados, bosques e flores,
orvalhos, águas e ventos, friagem e calores,
em suma, tudo o que está no mundo inteiro:

Admirai o Eterno e seu divino poder
que sua grande majestade por suas obras faz ver
com os límpidos espelhos de sua bondade divina.

(Gabriele de Coignard)

3. Canção à Vida[19]

A vida é uma oportunidade: aproveite-a
A vida é beleza: admire-a
A vida é felicidade: sinta-a
A vida é um sonho: torne-o realidade
A vida é um desafio: aceite-o
A vida é um compromisso: cumpra-o
A vida é uma diversão: participe dela
A vida é abundância: saboreie-a
A vida é riqueza: preserve-a
A vida é amor: desfrute-o
A vida é um mistério: desvende-o
A vida é promessa: realize-a
A vida é tristeza: supere-a
A vida é uma canção: cante-a
A vida é luta: aceite-a
A vida é drama: enfrente-o
A vida é aventura: aventura-te
A vida é vida: preserve-a
A vida é sorte: busque-a
A vida é muito preciosa: não a destrua.

(Santa Teresa de Calcutá)

---

19. Essa oração foi extraída do livro "Madre Teresa de Calcutá – Uma Santa para o século XXI" da Editora Ave-Maria e gentilmente cedida por ela. Todos os direitos reservados.

XXVI. Orações nas doenças e pelos doentes

1. Oração ao tomar um medicamento

Em honra das vossas santíssimas Chagas, tomo este medicamento do corpo, mas peço-vos que, com o vosso preciosíssimo sangue que saiu delas com tanta abundância, queirais me curar das doenças internas da alma, que são para mim mais importantes.

(Santa Catarina de Ricci)

2. Intercessão à Virgem Mãe por uma enferma

Diz-me, minha gloriosa Mãe,
porventura não estás olhando a amarga tristeza desta
   senhora, tua devota?[20]
Rogo-te que socorras esta necessidade, e não demores em
   consolá-la.
Agora saberei o quanto aprecias as chagas do Redentor,
porque por elas te suplico e peço com todo empenho
que alcances a saúde para a enferma.

(Santa Rosa de Lima)

---

20. A mãe pedia pela filha doente.

3. Oração pelos famintos e enfermos

Se um pobre não reza e não pede, não recebe nada;
mas Vós, ó meu Deus, vinde em auxílio
mesmo daqueles que não rezam e não querem sofrer.
Eis que vos peço e vos invoco por aqueles
que não o fazem por si mesmos.

(Beata Ana Catarina Emmerick)

XXVII. Orações das almas vítimas

1. Sofrendo com Jesus

Senhor, me abandonastes, me privastes de vossa visita,
não me priveis da vossa graça, restituí-me as minhas dores.

(Beata Maria Vitória de Fornari Strata)

2. Eu abandono e entrego todo o meu ser

Senhor, Eu abandono e entrego todo o meu ser, pelo tempo e a eternidade, à vossa misericórdia, vos suplicando com toda humildade de meu coração que realizeis em mim os vossos eternos desígnios, sem me permitir que eu os impeça de qualquer forma.

Vossos olhos divinos que penetram os íntimos recantos de meu coração, veem que meu único desejo é realizar vossos santíssimos contentamentos e gostos; mas eles também veem minha estupidez e impotência; é por isso que, prostrado aos pés de vossa infinita misericórdia, eu vos suplico, meu Salvador, pela doçura e equidade desta mesma santíssima vontade, e pela assistência de vossa santíssima Mãe, de me conceder a graça de fazer e sofrer tudo o que lhe agradar, como o agradar, para que, consumida no fogo desta amorosíssima vontade, lhe seja uma vítima e holocausto agradável que, sem fim, o louve e glorifique com todos os santos, por todos os séculos.

Amém.

(Santa Joana Francisca de Chantal)

3. Intercessão pelos pecadores

Certo dia, após a oração, a santa disse ao Senhor que acabasse o inferno e que não houvesse mais condenados, mas o Senhor respondeu: "Como castigaria os pecadores que morrem em pecado mortal, se acabasse o inferno"?

Respondeu a santa: Eu não quero que fiquem sem castigo, mas vede como pensei que se castiguem: colocar-me-ei à porta do inferno, e todas as penas com que tivesses que castigar aos condenados dai-as a mim, que eu as sofrerei com prazer para dar satisfação a vossa Justiça ultrajada, contanto que nenhum se condene e vá gozar de Vós.

(Santa Rosa de Lima)

4. Abandono à vontade de Deus

Senhor, Vós conheceis por vossa infinita sapiência, todos os pecados nos quais eu cairei durante todo o percurso de minha vida, se Vós não me preservais deles por vossa grande misericórdia. Suplico-vos, que me façais sofrer toda pena que lhes seria devida em rigor de justiça, e mesmo ao dobro e ao cêntuplo, se Vós quereis, e me preserveis da falta.

(Maria des Vallées)

5. Diante das humilhações e calúnias

Meu Deus! Vós sois justo de cobrir de ignomínia uma criatura que só merece vergonha e desprezo! Sim, Senhor, tornai-me cada vez mais desprezível aos olhos de todos, a fim de que, muito covarde para imitar as vossas virtudes, eu possa ao menos vos seguir na humilhação e no menosprezo que Vós frequentemente vivestes sobre a terra.

6. Consagração expiatória

Ó meu Deus! Não sofrerei mais por amor de Vós? Ó meu Bem-amado! Não me comunicareis de uma maneira mais
   viva os vossos sofrimentos?
Poder divino, vinde quebrantar a serva que vós escolhestes
   em vossa misericórdia para participar de vossa Cruz!
Vinde, poder de meu Deus, possuir minha alma e aniqui-
   lar meu corpo!
Vinde sobre mim em ondas e torrentes,
vinde em vosso vigor!
Por que não vir mais agora como outrora?
Não parece que só quisestes fazer um ensaio?
Pois não vindes mais com a intensidade que costumavas vir.
Ah! Portanto, não me poupeis, bem-amado de minha alma!

(Venerável Margarida do Santíssimo Sacramento)

7. Oferecimento

Senhor, não como eu quero, mas como Vós o quereis.
Se eu posso prestar ainda algum pequeno serviço pela oração e o sofrimento,
deixai-me viver ainda mil anos sobre a terra;
mas fazei-me morrer antes que permitir que eu vos ofenda.

8. Oração fervorosa para que Deus aceite seu sacrifício

Sim, eu sou cheia de misérias e pecados;
mas eu sou vossa noiva, ó meu Senhor e meu Salvador!
Minha fé em Vós e na Redenção que vem de Vós,
cobre todos os meus pecados com vosso manto real.
Não, meu Deus, eu não me afastarei de Vós
porque não aceitastes meu sacrifício,
pois o tesouro superabundante de vossos méritos
não está fechado para aqueles que vos pedem com fé.

9. União a Cristo sofredor no leito de dor

Eu estou sobre um trono magnífico.
Meu Deus, lançai sobre mim todas as misérias do mundo,
dai-me trazer o fardo de todos os homens;
concedei-me apenas vossa graça,
e eu serei perfeitamente feliz.

(Ana Catarina Emmerick)

10. Alcançai-me, Virgem santa, a força

Alcançai-me, Virgem santa, a força para beber todos os cálices que me serão apresentados por meu Pai celeste. Eu sei que, seja qual for sua amargura, sempre é o amor que enche a taça e lhe mistura a graça necessária.

(Beata Maria da Paixão)

11. Ó meu bem-amado!

Ó meu bem-amado! Chamai-me deste exílio e das trevas
  desse mundo.
Livrai-me desta fétida prisão de meu miserável corpo.
Atrai-me a Vós, meu Deus, atrai-me a Vós,
e não me deixeis mais definhar muito tempo neste triste
  vale de lágrimas.
Eu não saberia mais permanecer nele.
As enfermidades, os demônios, outras criaturas ainda
e as tribulações interiores me impelem e gritam para mim:
"fugi, fugi desta terra. Faz muito tempo que vós a habitais;
toda prolongação de estada vos está interdita".
Recebei-me junto de Vós, meu doce Jesus;
recebei-me em Vós, eu estou pronta para partir,
mas com uma alegria que eu não consigo expressar.
No resto, colocai-me onde lhe agradar até o último
  julgamento,
contanto que não me separaríeis de Vós eternamente,
como só eu tenho merecido;
eu louvarei vossa grande misericórdia.
Glória a Vós, Senhor.
Amém.

(Santa Camila Batista de Varano)

XXVIII. Oração pelas almas do purgatório

1. Oração por um pai espiritual[21]

Meu Deus, que vossa vontade se realize em mim, é somente o que eu quero. Pelos méritos de Jesus e de Maria, peço-vos a libertação destas almas e em particular de N.

Intercessão a Maria Santíssima, por um pai espiritual falecido:

Minha querida mamã, eu não deixarei este lugar enquanto não me concedais esta graça. Dai-me um novo purgatório com todo tipo de sofrimentos, mas desejo que meu pai seja liberto. Minha querida mamã, a obediência o quer, agora ela fala por mim. Que vossas dores falem também. Que as chagas de Jesus falem, que todos os sofrimentos de sua Paixão sejam igualmente vozes suplicantes!

(Santa Verônica Giuliáni)

---

21. Santa Verônica foi chamada carinhosamente de "Mãe piedosa do Purgatório" pelos sacrifícios e orações que realizava pelas almas benditas.

2. Súplicas pelas almas do Purgatório

Ó santas chagas de meu Senhor, abertas com tanto sangue de amor, tende piedade das almas do purgatório e de mim, pecadora".

Santas almas que passaram deste mundo ao purgatório, e que sois aguardadas no Paraíso, por bondade, suplicareis por mim quando comparecerdes diante de Deus.

(Beata Ana Maria Taigi)

XXIX. Oração pelos inimigos

Oração pelos inimigos[22]

Jesus, por ordem do Confessor, recomendo-te meu maior inimigo, meu maior adversário. Guia-o, acompanha-o, e se tua mão há de pesar sobre ele, pesa-a sobre mim. Por que importa que me deixes em meio a dores? Mas a ele não; o recomendo a ti agora e sempre, faz-lhe muito bem, o dobro de todo o mal – me entendes, Jesus? – que teria querido fazer-me. E para dar-lhe a entender que o quero bem, amanhã comungarei por ele. Talvez ele pensará em fazer o mal; mas nós lhe desejamos muito bem.

(Santa Gema Galgani)

---

22. Por um pecador que não se convertia mesmo diante de suas intensas orações.

XXX. Oração a São Francisco de Assis

Oração a São Francisco de Assis

Sim, Francisco, sim, meu Pai, ser pobre como tu, é contemplar a luz do sol que os cegos não conhecem. O sol é o amor, é Deus; dar seu coração para o que é terreno, isto não é ver a luz.

Oh! Deixa-me subir contigo a esta santa montanha da luz nova, alcançar como tua digna filha aos cumes radiantes da pobreza; deixa-me construir ali três tendas, e abrigar minha obediência, minha castidade e minha própria pobreza.

Tu conduzes à felicidade, ó meu Pai. A adoração do bezerro de ouro nunca foi tão grande na terra? A descendência de Eva geme na miséria...

O verdadeiro poder não é o ouro, o verdadeiro poder é o desapego, é o amor. O Jesus crucificado, Maria, a mulher do verdadeiro poder, e tu, Francisco, que tens compreendido o poder da pobreza, comunique-nos a santa riqueza do desapego evangélico e faz-nos dizer como tu: "Meu Deus e meu Tudo"!

(Beata Maria da Paixão)

XXXI. Oração inter-religiosa e ecumênica

Oh, Deus, Pai de todos![23]

Oh, Deus, Pai de todos, Tu pedes para que todos difundam o amor onde os pobres são humilhados, a alegria onde a Igreja se encontra arrasada, e a reconciliação onde as pessoas estão divididas: o pai contra o filho; a mãe contra a filha; o marido contra a esposa; os crentes contra os que não creem, os cristãos contra seus cristãos semelhantes aos quais não amam!

Abre-nos este caminho, para que o corpo ferido de Jesus Cristo, tua Igreja, possa estar imbuído da Comunhão pelo bem dos pobres da terra e de toda a família humana.

(Santa Teresa de Calcutá)

---

23. Essa oração foi extraída do livro "Madre Teresa de Calcutá – Uma Santa para o século XXI" da Editora Ave-Maria e gentilmente cedida por ela mesma. Todos os direitos reservados.

XXXII. Na perda de familiares

1. Na perda de um filho recém-batizado

Graças dou ao Deus todo-poderoso, criador de tudo o que existe, porque não me julgou totalmente indigna de ver o fruto de meu seio admitido em seu reino.

Esta perda não acometeu a minha alma de dor, porque eu sei que as crianças que Deus tira do mundo, enquanto elas estão em brancas vestes, devem gozar de sua presença.

2. Na perda do esposo

Senhor, Vós o destes a mim como pagão, por vossa misericórdia eu vo-lo entrego cristão. Que vossa vontade seja feita.

(Santa Clotilde)

3. Oração na morte de um irmão amado

Senhor Jesus, afetuoso amigo de minha alma, Vós que formais os laços tão doces da fraternidade, concedei-me ir partilhar no céu a felicidade de meu irmão, porque é bom e agradável para dois irmãos habitarem a mesma casa.

Suplico-vos, Senhor, em nome de vossa infinita bondade, reuni nos céus àqueles que os vínculos de sangue reuniam na terra!

(Santa Oportuna)

4. Oração na perda do filho em batalha[24]

Senhor, eu vos dou graças porque me destes um filho que, enquanto viveu, sempre me amou e respeitou, e nunca me deu a menor preocupação. Certamente eu gostaria de não o ter perdido, mas apesar disso, estou orgulhosa de pensar que ele derramou o seu sangue por Vós, ó meu Deus, e que Vós o chamastes a gozar de vossa glória.

Meu Deus, eu o recomendo à vossa misericórdia.

(Santa Edviges)

5. Oração no falecimento do marido

Agora, agora perdi tudo: ó meu querido irmão! Ó amigo do meu coração! Ó meu bom e piedoso marido! Tu estás morto e me deixaste na miséria! Como viverei sem ti? Ah, pobre viúva abandonada, desventurada mulher que eu sou! Que aquele que não abandona as viúvas e os órfãos me console! Ó meu Deus, consola-me! Ó meu Jesus[25], fortifica-me na minha fraqueza!

(Santa Isabel da Hungria)

---

24. Morreu na "Batalha de Legnica" (Waglstedt) contra os infiéis Tártaros (Mongóis).

25. Outra tradução fala "meu Salvador".

6. Oração na perda violenta de familiares

Vós, ó Senhor, descarregastes a vossa mão sobre a minha família, Vós me tirastes em um dia o pai e os irmãos! Deveria eu queixar-me de Vós? Deveria eu perguntar-vos a razão disso, que na vossa sabedoria e onipotência vos agrada fazer? Não, meu Deus! Portanto, seja feita a vossa vontade, seja bendito o vosso santíssimo nome.

(Beata Clara Gambacorti)

7. Oração no falecimento de uma filha

Ó meu Deus, nada mais posso fazer do que amar, e dar. Amar um Deus como Vós, e dar-vos aquilo que eu tenho de mais precioso nesta terra.

Não, caríssimas filhas, não há motivo aqui para chorar. Estas são as núpcias do Cordeiro, e se é permitido chorar não se deve fazer senão por alegria.

Desde agora que minha filha é Ângela Vitória: "Vitória" porque triunfou do inferno, e "Ângela" porque reina no Céu com aqueles afortunados espíritos que contemplam sem cessar a face do Divino Pai.

(Beata Maria Vitória de Fornari Strata)

XXXIII. Tempo de partir

1. Peço-vos que recebais agora a minha alma

Senhor, que me criastes e que me guardastes desde a minha infância,
que me destes desde a flor da idade uma virtude superior ao meu sexo,
que tendes afastado de meu coração o amor do século
e subtraído meu corpo da depravação;
Vós que me tornastes vitoriosa contra os tormentos do carrasco
e me fizestes desprezar o ferro, o fogo e as correntes;
que me concedestes, no meio destes tormentos, a coragem e a paciência,
peço-vos que recebais agora a minha alma,
porque é o tempo de me retirar deste mundo
para me introduzir no seio de vossa misericórdia.

(Santa Águeda)

2. Oração pelos filhos na hora da morte

Ofereço-vos, Senhor,
as primícias e o dízimo dos frutos que saíram de minhas dores:
esta, a mais velha, aqui presente (Macrina);
e este aqui, meu caçula (Pedro).

A ti são consagradas pela lei estas duas ofertas, elas são tuas.
Venha, pois, a tua santificação sobre as minhas primícias
e sobre meu dízimo que aqui está.

(Santa Emélia ou Emília)

3. És Tu, Senhor!

És Tu, Senhor, que revogaste para nós o temor da morte.

És Tu que fizeste para nós, do final desta vida terrena,
o começo da vida verdadeira.

És Tu que, por um tempo deixas nossos corpos descansarem por uma dormição,
e novamente os despertas "ao som da última trombeta".

És tu que dás à terra em depósito nossa terra,
aquela que Tu moldaste com tuas mãos,
e que fazes reviver novamente o que Tu lhe deste,
transformando pela imortalidade e a beleza
o que em nós é mortal e disforme.

És Tu que nos arrancaste da maldição e do pecado,
tornando-se para nós um e outro.

És Tu que "despedaçaste as cabeças do dragão",
ele que agarrou o homem em sua goela
arrastando-o através do abismo da desobediência.

És Tu que nos abriste a rota da ressurreição,
após ter aberto as portas do inferno,
e reduzido à impotência aquele que reinava sobre a morte.

"És Tu que deste por insígnia para aqueles que te temem"
o sinal da santa Cruz,
para aniquilar o Adversário e dar segurança às nossas vidas.

4. Que eu seja encontrada ante tua face!

Deus eterno, "para quem eu fui dirigida desde o seio de minha mãe", "Tu que minha alma amou" com toda a sua força, a quem eu consagrei a minha carne e a minha alma desde a minha juventude até este momento, coloca ao meu lado um anjo luminoso que me conduza pela mão ao lugar do refrigério, lá onde se encontra "a água do repouso", no seio dos santos patriarcas.

Tu que tens despedaçado a flama da espada de fogo e restituíste ao paraíso o homem crucificado contigo e que se confiara à tua misericórdia, "lembra-te" também de mim "em teu reino", porque eu também fui crucificada contigo, eu "que preguei minha carne pelo teu temor e temi teus julgamentos"...

Tu que tens na terra o poder de perdoar os pecados, "perdoa-me, para que eu recupere fôlego", e "que uma vez despojada de meu corpo", eu seja encontrada ante tua face "sem mancha nem ruga" no semblante[26] de minha alma, mas que minha alma seja acolhida entre as tuas mãos, irrepreensível e imaculada, "como incenso diante de tua face".

(Santa Macrina, a jovem)

5. Recebei-me o quanto antes nos céus!

Divino Redentor do mundo, Vós a quem tenho servido desde minha infância e que vos dignastes me conservar

---

26. Literalmente: *figura*.

pura e casta até este dia, recebei-me o quanto antes nos céus com vosso mártir Godegrando, a fim de que nós nos alegremos em Vós na eternidade, nós que nesta terra de exílio, durante nossa vida mortal, vivemos constantemente a vosso serviço.

(Santa Oportuna)

6. Ó meu doce Mestre!

Ó meu doce Mestre! Já que vos dignastes descer até a menor de vossas servas, já que não tendes aversão de ungir meu corpo com vossas santíssimas mãos, cumulai vossas bondades dando-me uma última graça, a de me fazer sofrer até a minha última hora tanto quanto os meus pecados merecem, para que minha alma, libertada de sua prisão, possa ser admitida sem outra purificação a contemplar a vossa face adorável.

(Santa Ludovina ou Liduína)

7. Última carta à Mãe celestial

Minha Mãe, minha frágil existência é uma contínua batalha, porém estou de acordo, inteiramente resignada nas mãos de Deus, entre o temor e a esperança. Clamo, clamo em meio a tantas penas, e dirijo-me a Jesus, prometendo amá-lo; mas Jesus se esconde e apenas me ama. Mamá mia[27], roga a Jesus por mim e diz-lhe que serei obediente. Desejo ir logo ao céu; se é esta a sua vontade. Abençoa a pobre Gema.

(Santa Gema Galgani)

---

27. Termo carinhoso e íntimo: *Minha Mamãe*.

XXXIV. Conselhos e regras

1. Últimos conselhos

a) Ó minhas queridas irmãs, escutai com a maior atenção minha última exortação: Assim como existem dois tipos de obras, aquelas dos bons e as dos maus, assim existem também duas moradas diferentes onde os justos e os ímpios receberão o valor de suas ações. Portanto, tendes o cuidado de fazer o bem e de evitar o mal, a fim de vos encontrar no número dos justos e de serem inscritas no livro da vida.

b) As boas obras se originam de três fontes principais: à fé, à esperança e a caridade; mas a caridade é tão superior à fé e à esperança, porque a caridade é o próprio Deus, como o disse São João: "Deus é caridade; aquele que possui a caridade permanece em Deus e Deus permanece nele". Por isso, se vós quereis que a caridade, isto é, Deus, reine sempre entre vós, expulsai para bem longe de vós a discórdia, ou seja, o demônio. Fiéis às promessas de vosso batismo, renunciai ao inimigo de todo bem e às suas pompas; amai Deus com todo o vosso coração, e observai seus mandamentos; amai cada cristão como vós mesmas, porque "aquele que odeia seu irmão é homicida". Tratai os outros como vós quereis ser tratadas.

c) Se o Espírito de Deus mora em vós, vós sereis o templo de Deus, e o templo de Deus, que não é outro que vós mesmas, será santo. Guardai-vos de manchar o templo de Deus, porque vós fostes criadas a imagem de Deus, e se "alguém profana o templo de Deus, Deus o destruirá".

d) Que reine sempre entre vós uma caridade perfeita e uma humildade sincera. Obedecei aos vossos superiores, amai-vos mutuamente, e prestai-vos serviços mútuos por caridade.

e) Evitai falar demais, "porque as longas conversas nunca são isentas de pecado". Fazei tudo com discrição; fugi da duplicidade, da carne requintada, do excesso de vinho e de sono. Aplicai-vos cuidadosamente às leituras de piedade e às boas obras, porque a ociosidade é inimiga da alma.

f) Jamais vos permitais pecar, e, dóceis às inspirações de Deus, apagai pelo exercício da penitência as faltas que cometestes. Que vossos lábios publiquem sem cessar a glória de Deus, e lembrai-vos que o demônio sempre se esforça por derrubar os fiéis servidores de Jesus Cristo.

g) Dai aos doentes o que lhes for necessário; dai esmolas aos pobres, porque "a esmola livra da morte, e extingue o pecado como a água extingue o fogo". Sepultai os mortos e vinde em auxílio de todos aqueles que vós puderdes socorrer. Afastai-vos do mal, exercei a prática das boas obras, e observai vossos votos, a fim de herdarem a pátria celeste. Enfim, suplico-vos, quando em doze dias minha alma tiver deixado a terra, depositai meu corpo junto de meu irmão Godegrando, bispo e mártir de Jesus Cristo.

(Santa Oportuna)

2. Sentença

Se Deus não se recordasse de nós enviando-nos
  tribulações,
nunca nos lembraríamos dele,
porque nós tomamos sem nenhuma moderação
tudo que é de nossa conveniência.

(Beata Maria Vitória de Fornari Strata)

3. Instruções de vivência cristã

Minhas queridas irmãs, façamos renascer entre nós o verdadeiro espírito de cordialidade e de amor que fazia a glória e a felicidade do primeiro cristianismo.

Nós lemos que os primeiros cristãos eram em Deus um só coração e uma só alma. É assim que a santíssima Virgem, após a morte de seu Filho, formava os venturosos cristãos, e é assim mesmo que nós devemos ser perfeitamente unidas.

É necessário eliminar tudo o que é contrário ao amor do próximo, como são todas as palavras de zombaria, se abster de imitar as pessoas, mesmo na recreação, ou de corrigir suas ações, a menos que seja necessário, o que é preciso fazer com prudência.

(Santa Margarida Bourgeoys)

4. Últimos conselhos aos seus filhos

Tenhais diante dos olhos Jesus crucificado, e que seu sangue precioso seja sempre o objeto de vossas adorações.

Oh! Sem dúvida, vós havereis de sofrer muito, meus queridos filhos, mas o Senhor estará sempre pronto para vos consolar, se vós observais os seus mandamentos.

Tenhais sempre uma terna e sincera devoção com a santíssima Virgem, que me substituirá junto de vós como mãe.

Oh, eu vos suplico! Não deixeis nunca se apagar entre vós esta doce harmonia, que é o primeiro dos bens em uma família.

Deixo-vos igualmente sob a proteção da gloriosa mártir Santa Filomena. Ela sempre será vossa protetora na terra.

(Beata Ana Maria Taigi)

Breve biografia das mulheres citadas neste devocionário

1. Santíssima Virgem Maria, Mãe de nosso Senhor Jesus Cristo (séc. I)

2. Santa Isabel, mãe de São João Batista (séc. I)

3. Águeda ou Ágata (Santa) († 251 – Catânia, Itália)

4. Ana Catarina Emmerick (Beata) – Virgem (*1774 Flamske, Alemanha †1824 Dülmen, Alemanha)

5. Ana de São Bartolomeu (Beata) – Virgem, Carmelita, secretária de Santa Teresa (*1549 Almendral, Espanha †1626 Antuérpia, Bélgica)

6. Ana Maria Taigi (Beata) – Mãe, terciária Trinitária (*1769 Roma, Itália †1837)

7. Ângela de Foligno (Santa) – Terciária Franciscana (*1248 Foligno, Itália †1309)

8. Ângela Mérici (Santa) – Virgem e fundadora (*1458 Camerino, Itália †1524)

9. Brígida da Suécia (Santa) – Viúva, fundadora da "Ordem do SSmo. Salvador" (*1303 Finsta, Suécia †1373 Roma, Itália)

10. Camila Batista de Varano (Santa) – Clarissa (*1458 Camerino, Itália †1524)

11. Catarina de Bolonha (Santa) – Virgem Clarissa (*1413 Bolonha, Itália †1463)

12. Catarina de Gênova (Santa) – Viúva (*1447 Gênova, Itália †1510)

13. Catarina de Ricci (Santa) – Virgem, terciária Dominicana (*1523 Florença, Itália †1590 Prato)

14. Catarina de Sena (Santa) – Virgem e doutora da Igreja, terciária Dominicana (*1347 Sena, Itália †1380 Roma)

15. Clara da Cruz (Santa – Montefalco) – Virgem eremita de Santo Agostinho (*1268 Montefalco, Itália †1308)

16. Clara de Assis (Santa) – Virgem cofundadora da "Ordem das Clarissas" (*1193/94 Assis, Itália †1253)

17. Clara Gambacorti (Beata) – Viúva, Dominicana (*1362 Florença, Itália †1420)

18. Clara Isabela Fornari de Todi – Clarissa (*1697 Roma, Itália †1744)

19. Clotilde (Santa) – Rainha dos Francos (*c. 474 Lyon, França †545 Tours)

20. Edviges (Santa) – Rainha da Polônia e Lituânia (*1374 Budapeste, Hungria †1399 Cracóvia, Polônia)

21. Elena Guerra (Beata) – Virgem fundadora da "Congregação das Oblatas do E.S." (*1835 Lucca, Itália †1914)

22. Emélia ou Emília (Santa) (*? Cesareia da Capadócia † 372 Ponto, atual Turquia)

23. Francisca Romana (Santa) – Viúva, fundadora da "Congregação dos Oblatos beneditinos de Maria" (*1384 Roma, Itália †1440)

24. Gabriele de Coignard – Viúva (*? Toulouse, França †1586?)

25. Gema Galgani (Santa) – Virgem leiga (*1878 Camigliano, Itália †1903 Luca)

26. Gertrudes de Helfta (Santa, "a grande") – Virgem Beneditina (*1256 Eisleben, Alemanha †1302 Helfta, Alemanha)

27. Hildegarda de Bingen (Santa) – Virgem e doutora da Igreja, Beneditina (*1098 Bermershein, Alemanha †1179 Bingen)

28. Irmã Hadewich – Cisterciense ou Beguina (* final séc. XII Antuérpia, Bélgica † c. 1248 (1260) Aywieres ou Nivelles)

29. Isabel da Hungria (Santa) – Rainha, viúva, terciária Franciscana (*1207 Bratislava, atual Eslováquia † 1282 Marburgo, Alemanha)

30. Isabel da Trindade (Santa) – Virgem Carmelita (*1880 Burges, França †1906 Dijon, França)

31. Jaqueline de Santa Eufêmia (Pascal) – Beneditina, irmã de Blaise Pascal (*1625 Clermont, França †1690 Magny-les-Hameaux)

32. Joana Francisca de Chantal (Santa) – Viúva, cofundadora da "Ordem da Visitação" (*1572 Dijon, França †1641 Moulins, França)

33. Joana Inês da Cruz – Jeronimiana (*1651 São Miguel de Nepantla, México †1695 Cidade do México)

34. Juliana de Norwich (Beata) – Beneditina (*1342 Norwich, Inglaterra †1421)

35. Ludovina ou Liduína (Santa) – Virgem (*1380 Schiedam, Holanda †1433)

36. Macrina, a jovem (Santa) (*327 Cesareia da Capadócia † 380 Ponto, atual Turquia)

37. Madame Guyon (Jeanne-Marie Bouvier da Motte--Guyon) – Viúva (*1648 Montargis, França †1717 Blois)

38. Margarida Bourgeoys (Santa) – Virgem, fundadora da "Congregação das Irmãs de Notre-Dame" de Montreal (*1620 Troyes, França †1700 Montreal, Canadá)

39. Margarida do SSmo. Sacramento (Acarie) – Carmelita e filha da beata Maria da Encarnação, igualmente carmelita (*1590 Paris, França †1660)

40. Margarida do SSmo. Sacramento (Venerável) – Virgem Carmelita (*1619 Beaune, França †1648)

41. Margarida Maria Alacoque (Santa) – Visitandina (*1647 Borgonha, França †1690 Paray-le-Monial, França)

42. Margarida Vény d'Arbouze – Beneditina (*1580 Vensat, França †1626 Rians)

43. Maria da Encarnação (Beata) – Viúva Carmelita (*1566 Paris, França †1618 Pontoise, França)

44. Maria da Encarnação Guyart Martin (Santa) – Viúva, Ursulina e fundadora (*1599 Tours, França †1672 Quebec, Canadá)

45. Maria da Paixão (Beata) – Virgem, fundadora das "Irmãs Franciscanas Missionárias de Maria" (*1839 Nantes, França †1904 San Remo, Itália)

46. Maria de Jesus de Ágreda (Venerável) – Virgem (*1602 Sória, Espanha †1665)

47. Maria de S. Eufrásia Pelletier (Santa) – Virgem e fundadora do "Instituto das Irmãs do Bom Pastor" (*1796 Noimoutier, França †1868 Angers)

48. Maria de Santa Teresa (Petyt) – Eremita, terciária Carmelita (*1623 Hazebrouck, França †1677 Malinas, Bélgica)

49. Maria des Vallées (Serva de Deus) – dirigida de S. João Eudes (*1590 St-Sauveur-Lendelin, França †1656 Coutances)

50. Maria Egípcia, penitente (Santa) – (sécs. IV-V – Egito e deserto do Rio Jordão)

51. Maria Madalena de Pazzi (Santa) – Virgem Carmelita (*1566 Florença, Itália †1607)

52. Maria Vitória de Fornari Strata (Beata) – Princesa, viúva, fundadora da "Ordem da Anunciação" (*1562 Gênova, Itália †1617)

53. Matilde de Hackeborn (Santa) – Beneditina (*1241 Helfta, Alemanha †1298)

54. Matilde de Magdeburgo (Santa) – Beneditina (*c. 1207 Magdeburgo, Alemanha † 1282 Helfta, Alemanha)

55. Oportuna (Santa) – Beneditina (*? † c. 770 Séez, França)

56. Paula Romana, viúva, monja (Santa) e Eustóquia sua filha, virgem, monja (Santa) – (*347 Roma, Itália †406 Belém – Eustóquia †419 Belém, Palestina)

57. Rosa de Lima (Santa) – Virgem, terciária Dominicana, Padroeira da América Latina (*1586 Lima, Peru †1617)

58. Teresa de Calcutá (Santa) – Virgem, fundadora da "Congregação das Missionárias e Missionários da Caridade" (*1910 Skopje, Macedônia †1997 Calcutá, Índia)

59. Teresa de Jesus (Santa) – Virgem e Doutora da Igreja, Carmelita (*1515 Ávila, Espanha †1582 Alba de Tormes, Espanha)

60. Teresa do Menino Jesus (Santa) – Virgem e Doutora da Igreja, carmelita (*1873 Alençon, França †1897)

61. Verônica Giuliáni (Santa) – Virgem, Clarissa capuchinha (*1660 Mercatello, Itália †1727 Città di Castello)

Países

Alemanha
Ana Catarina Emmerich
Gertrudes de Helfta
Hildegarda de Bingen
Isabel da Hungria (*atual Eslováquia)
Matilde de Hackeborn
Matilde de Magdeburgo

Bélgica
Ana de São Bartolomeu (*Espanha)
Irmã Hadewich
Maria de Santa Teresa (*França)

Canadá
Margarida Bourgeoys (*França)
Maria da Encarnação Guyart Martin (*França)

Egito
Maria Egípcia

Espanha
Maria de Jesus de Ágreda
Teresa de Jesus

França
Clotilde
Gabriele de Coignard
Isabel da Trindade
Jaqueline de Santa Eufêmia
Joana Francisca de Chantal
Madame Guyon
Margarida do SSmo. Sacramento (Acarie)
Margarida do SSmo. Sacramento
Margarida Maria Alacoque
Margarida Vény d'Arbouze
Maria da Encarnação
Maria de S. Eufrásia Pelletier
Maria des Vallées
Oportuna
Teresa do Menino Jesus

Holanda
Ludovina

Índia
Teresa de Calcutá (*Macedônia)

Inglaterra
Juliana de Norwich

Itália
Águeda
Ana Maria Taigi
Ângela de Foligno
Ângela Mérici
Brígida da Suécia (*Suécia)
Camila Batista de Varano

Catarina de Bolonha
Catarina de Gênova
Catarina de Ricci
Catarina de Sena
Clara da Cruz
Clara de Assis
Clara Gambacorti
Clara Isabela Fornari de Todi
Elena Guerra
Francisca Romana
Gema Galgani
Maria da Paixão (*França)
Maria Madalena de Pazzi
Maria Vitória de Fornari Strata
Verônica Giuliáni

México
Joana Inês da Cruz

Palestina
Santa Isabel
Santíssima Virgem Maria
Eustóquia
Paula Romana (*Itália)

Peru
Rosa de Lima

Polônia
Edwiges (*Hungria)

Turquia
Emélia
Macrina

LEIA TAMBÉM:

Meu livro de orações
Anselm Grün

Autor reconhecido mundialmente por suas obras sobre espiritualidade e autoconhecimento, Anselm Grün traz nessa nova obra uma seleção de orações que são oriundas da tradição beneditina e outras que são próximas do espírito beneditino. O autor escreveu também orações inspiradas na experiência das instituições monásticas. Para os monges, oração significa: oferecer a Deus sua vida inteira, sua verdade mais íntima, para que o Espírito de Deus possa permear tudo em nós, e nos transformar.

Segundo Grün: "Na oração ofereço a Deus os meus sentimentos, as minhas afeições, os meus medos, para que, através deles, eu possa sentir Deus como o fundo mais recôndito da minha alma e onde encontro tranquilidade. Bento significa: 'o abençoado'. Orar, para São Bento, significa também colocar tudo sob a bênção de Deus: a mim mesmo, as pessoas e a realidade deste mundo, para que possamos vivenciar que tudo pode vir a ser uma bênção para nós e que nós mesmos somos uma bênção para as pessoas. O objetivo de orar, pedir, louvar e abençoar é 'que Deus seja glorificado em tudo'".

Anselm Grün é autor reconhecido no mundo inteiro por seus inúmeros livros publicados em mais de 28 línguas. O monge beneditino, da Abadia de Münsterschwarzach (Alemanha), une a capacidade ímpar de falar de coisas profundas com simplicidade e expressar com palavras aquilo que as pessoas experimentam em seu coração. Procurado como palestrante e conselheiro na Alemanha e no estrangeiro, tornou-se ícone da espiritualidade e mestre do autoconhecimento em nossos dias. Tem dezenas de obras publicadas no Brasil.